未来のワクワクを
いまからつくる

人生100年時代の
マンション投資
の教科書

最新版

LifeStyle株式会社 代表取締役
山越尚昭

すばる舎

※本書は、２０１８年９月に刊行された
『人生１００年時代のマンション投資の教科書』を底本に
大幅に加筆修正された改訂版です。

はじめに

「人生100年時代」にも安心老後を〝予約〟する方法があります！

読者のみなさんは、いま何歳でしょうか？

そして、何歳くらいまで生きると思いますか？

——冒頭から、少々無礼で、縁起の悪い質問をしてしまい申し訳ありません。しかし今後の日本では、この質問の持つ意味合いが非常に大きくなります。

多くの人が、自分があとどれくらい長生きしてしまうのか、気に病《や》むことになります。

そうした未来が、もう現実になり始めています。

本書を執筆中の２０２２年現在の最新データで、日本人の平均寿命は男性が81・47歳、女性が87・57歳です（厚生労働省「令和３年簡易生命表」２０２２年）。男性の平均寿命が初めて80歳を超え、ニュースで盛んに報じられてからすでに約10年が経過。女性の平均寿命はＷＨＯの国際比較でもトップ３の常連。また、社会の超高齢化が叫ばれて久しく、全人口の30％近くが65歳以上の高齢者となっている、というのがこの国の現状です。

この平均寿命の数値は、そうした状況を裏打ちするデータです。しかし、本書を読んでいる読者のみなさんは、**実はこの平均寿命よりも、さらに長く生きる可能性が大いにあります。**

図1は、厚生労働省など政府機関が公表している日本人の平均寿命におけるこれまでの推移と、今後の推移予測を示したものです。

これによれば、過去70年間では女性で26年以上、男性でも23年以上延びてきた日本人の平均寿命が、**今後の40年間でさらに3～4年延びる**ことが見込まれています。

平均寿命の予測というのは、大規模な災害や戦争などがない限り、高い確率でその

1　平均寿命の推移と将来推計

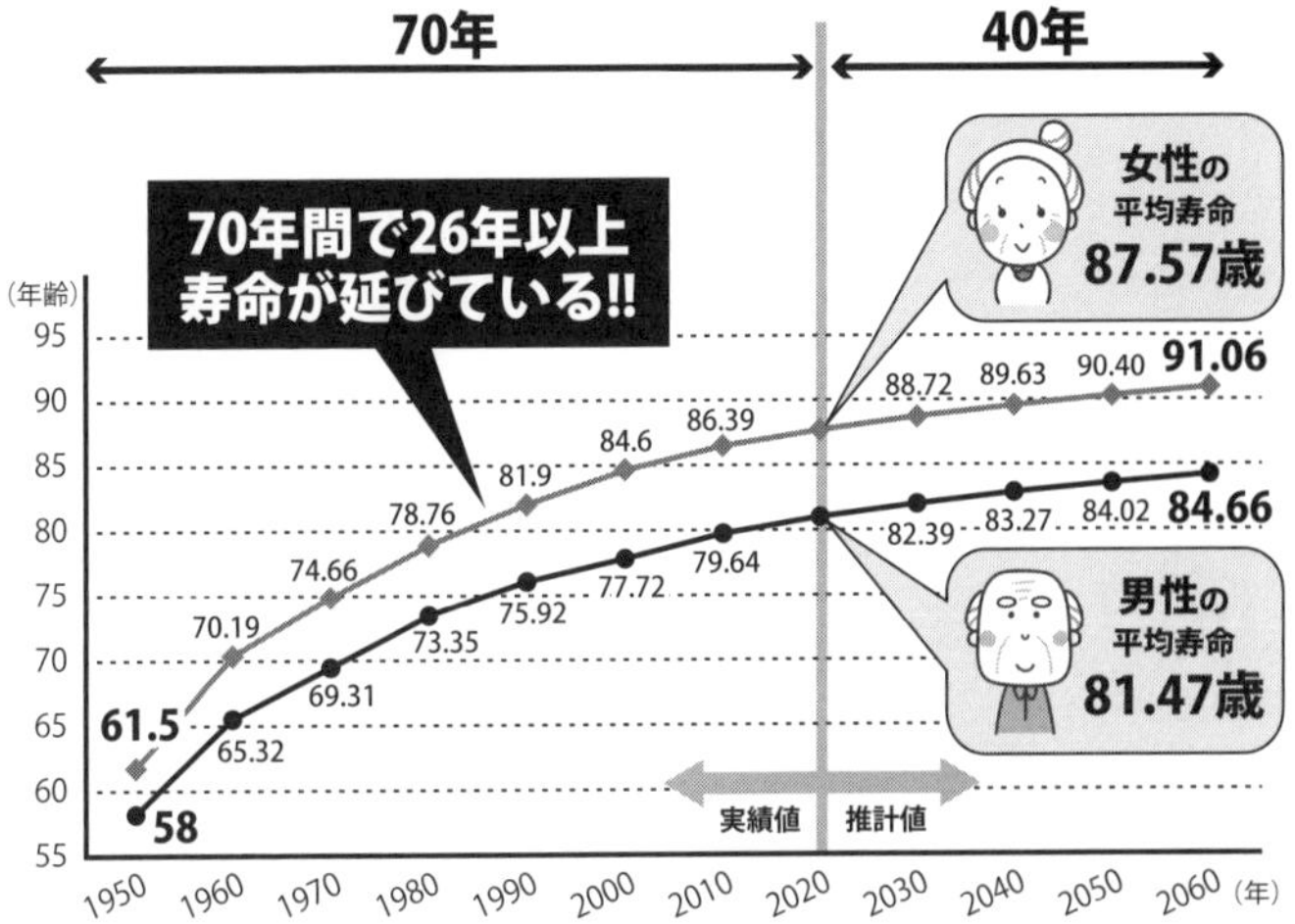

出典：実測値は厚生労働省「簡易生命表」等、
推計値は国立社会保障・人口問題研究所「日本の将来推計人口（平成29年推計）」死亡中位仮定より

とおりになる性質の予測です。そのため、女性であれば平均で91歳まで長生きし、男性も現在の女性の平均寿命に近い85歳前後までは長生きする社会が、40年後には現実になる可能性が高いと現時点で断言できます。

さらに、この平均寿命はあくまでも「平均値」であることに注意が必要です。

多くの人は平均寿命前後で亡くなりますが、なかには平均よりも早く亡くなる人がいますし、逆に長く生きる人もいます。

仮に平均よりも長く生きた場合、私たちはどれくらいの年齢まで生きることになるのでしょうか？　それを予測した数値があります。

国立社会保障・人口問題研究所が２０１６年に公表した予測値では、**２０５０年時点で、男性の４人に１人が93歳まで、女性の４人に１人が98歳まで生きることになる**とされています。単純計算で男女平均をとれば、４人に１人は95歳程度まで生きる、となるでしょう。つまり**私たち日本人は、今後は４人に１人が１００歳近くまで生きることになる**のです。

実際に、住民基本台帳に基づく日本国内の１００歳以上の人口は、１９６３年当時には全国でわずか１５３人だったものが、１９８１年に初めて１０００人を超えて以降、１９９８年に１万人到達、２０１２年に５万人到達、２０２２年時点では９万５２６人と、急ピッチで増加してきており、統計開始以来52年連続で過去最高を更新しています。今後も、その増加ペースはさらに速まっていくと見られています。

近年、各種メディアで**「人生１００年時代」**という言葉がよく使われるようになっているのには、こうした背景があるのです。

こうした寿命の延びは、本来であれば非常に喜ばしいことです。寿命が延びた主な理由は、医療技術や公衆衛生の進歩にあるのでしょうから、ある意味、「人類の文明の勝利」と言うこともできます。

しかし、4人に1人が100歳近くまで生きる社会では、別の大問題が噴出してきます。

——そう、**老後の生活不安の問題です。**

平均寿命が延びることで、現役を引退したあとの「老後」が劇的に長くなります。運よく（運悪く？）100歳まで長生きした場合には、その期間は35年もの長さになります。

結果、現役時代に蓄《たくわ》えた資産と、公的な年金だけでは、長い老後を暮らしていくための資金がまったく足りない！　というケースが多くなるのです。

ちなみに、このように「100歳まで生きるかも」というお話をすると、「自分は長生きできそうにないから大丈夫」「ウチは長寿家系ではないから心配ない」などとおっしゃる方が必ずいらっしゃいます。

しかし、対策というものは、「起きない」ことを前提にするのではなく、「起きてしまった」場合のことを想定して準備するものです。生命保険だって、絶対に事故に遭《あ》う、絶対に病気になる、……だから入る、という人はあまりいないと思います。逆に「もしかしたら」と考えて、加入を検討する人がほとんどでしょう。

自分が思った以上に長生きした場合のことを考えて、早め早めに対策を準備していくこと。それが賢いやり方だと、私は考えます。

公的年金について言えば、現在の制度は世代間の助け合いに主眼を置いていて、若い世代が高齢者世代をサポートすることを想定した制度設計になっています。

しかし今後、さらに日本人の寿命が延び、人口に占める高齢者の割合が増えていくにつれて、この制度設計を維持できなくなることは、もはや誰の目にも明らかです。

そうした社会では、公的年金による生活費の補助の拡充はアテにできません。今後は受給開始年齢がさらに引き上げられたり、支給される金額が大きく減額されたりする可能性のほうが、ずっと高いでしょう。

つまり私たちは、「人生100年時代」において、場合によっては35年にもおよぶかも

しれない長い老後の生活費の大部分を、自力で用意する必要があるということです。

そのための方法として、本書で私が大いにおすすめするのが不動産投資、なかでも**東京圏の新築か築浅中古のワンルームマンションへの投資**です。

数多《あまた》ある投資対象のなかで、なぜ私がピンポイントで東京圏の新築や築浅中古のワンルームマンションへの投資をすすめるのか、その理由は本書で詳しく解説していきましょう。

むしろ私は、これ以外の方法（投資）では、「人生100年時代」の長い老後を安心して暮らしていけるだけの備えを用意することは、もはや不可能ではないかとさえ考えています。

――前置きが長くなり、自己紹介が遅れました。

私は、LifeStyle株式会社というマンションデベロッパーの代表取締役を務めている、山越尚昭と言います。

当社は長年、個人向けマンション投資のリーディングカンパニーのひとつとして、東京圏で多くのマンションを建築・販売してきたほか、賃貸管理や建物管理の業務を行っています。

また、マンション投資のプラットフォームサイト「**マンション経営大学**」を運営しており、インターネット上での継続的な情報提供はもちろんのこと、過去にはテレビなどの映像メディアでもマンション投資の情報番組を放送してきました。

マンション投資というと、しつこい電話営業のイメージが強いためか、一概に「うさん臭いもので、素人が手を出すべきではない」と考えている方も、まだまだたくさんいらっしゃいます。

しかし、マンション投資は奥の深い投資です。冷静に検討してみれば、老後の備えにこれほど適している投資対象は、ほかに見当たりません。

将来の「安心老後」を事前に予約することが可能な投資対象です。一部の素行《そこう》の悪い業者が与えるイメージで、マンション投資をみなさんの選択肢から外してしまうのは、賢明ではありません。

ちなみに、当社では現在、**最初はお客さまからお問い合わせをしていただく「反響営業」を主な営業スタイルとしています。**そのおかげで、毎月多くのお客さまにお問い合わせをいただいています（2022年9月現在で、累計11万8500人あまりの方からお問い合わせをいただきました）。

また、実は法人のＬｉｆｅＳｔｙｌｅ株式会社としても、さらには個人としての私自身も、安定した収益を生む投資先としてマンション投資を行っています。これも、自分たちがすすめている投資先に自信を持っている証拠のひとつとして、みなさんにご判断していただけるのではないでしょうか？

本書では、あくまでも読者のみなさんの視点に立って、マンション投資に関する情報をわかりやすく解説し、多くの方が疑問に思ったり、不安を感じたりするポイントが理解のできる内容となるように心がけました。

「人生１００年時代」の長い老後を不安に感じず、純粋に長生きを楽しむために、ぜひ本書を一読して、今後の老後資金対策の参考にしていただければ幸いです。

ＬｉｆｅＳｔｙｌｅ株式会社 代表取締役　**山越 尚昭**

目次

第2章 「マンション投資」こそが老後リスクを解消する最善策となる

第3章 最適な物件を選んで不安やリスクを遠ざけよう！

目 次

第4章

どんなパートナーを選ぶかでマンション投資の成否は左右される!

第5章 不安を乗り越え、明るく楽しい老後をいま「予約」しよう！

第1章

大きくなった「長生きリスク」に対処せよ！

老後は15年長くなったと考えよう

一般的な想定ではもはや用をなさない

「はじめに」でも詳しく述べたように、読者のみなさんの多くが実際に老後生活を送るころには、日本人の４人に１人は１００歳近くまで生きる可能性が高いということが近年明らかになってきました。

老後の生活費を考えるときには、長く生きた場合のリスク「長生きリスク」を重視したほうがより安全になります。

そのため今後は、**平均寿命ではなく、自分も平均値より長い100歳程度まで生きた場合を考えて、現役時代のうちから、あるいはリタイア後の早い段階から、老後の生活費に対する備えを始めたほうがよい**でしょう。

これは従来、各種のメディアや企業、政府などが、一般的な「老後期間」として想定していた期間を大きく延長することになります。

以前は平均寿命を80歳程度と想定して、60歳で定年してからの**およそ20年間を「老後期間」の目安としているケースがほとんど**でした。

しかし今後は、この想定では実際の老後期間との間に差が生じてしまいます。すでに男性の平均寿命でさえ80歳を1年以上超えていますし、一般的に男性より長寿である女性の場合、現時点での実際の平均寿命が想定を8年近くオーバーしています。

しっかりと長生きリスクに備えようと思うのなら、今後は定年の65歳から100歳前後までの期間、つまり**35年間を老後として想定しておかなければ、実際の老後生活に入ったあとにお金が足りなくなり、後悔することになりかねません。**

余っても問題ないが、足りなくなると大問題

もちろん、もし平均寿命より早く亡くなったり、平均寿命の前後で亡くなったりした場合には、老後は想定していたよりも短くなります。しかしそのときには、その資

産を配偶者や子、孫などの大切な家族に引き継げます。**決して無駄にはなりませんし、準備した資産が外部に流出することもありません。**

逆に、足りない場合には大きな問題が発生します。老後も後半になれば、その時点から大きなお金を稼いだり、軌道修正を図ったりすることは困難です。**生活費が足りなくなれば、家族や親戚に多大な迷惑をかけることは避けられない**でしょう。

あるいは、いわゆる「老後破綻」の状態に陥ってしまい、公的な生活保護を受けるなどして、望まない「質素な生活」を余儀なくされる恐れもあります。

老後の後半は、病気の治療費や、介護に関連する費用もかさむ時期です。大病などをして想定以上のお金がかかるケースも考えなければなりません。

老後の生活費については、少し多めに備えておく分にはなんの問題もないけれども、足りないと大問題になるということです。

この点を踏まえて考えても、実際に私たちの4人に1人が生きることになるであろう100歳前後、という年齢を老後の「ゴール」として設定することには、十分な合理性があると言えるはずです。

○誰もが老後の想定を見直す必要が出てきている

今後は、老後をかつての想定より15年ほど長い「35年」と想定し、その長い老後の生活費に対する備えを、誰もがしていく必要があります。これは超高齢化社会となったこの国に住む日本人全員の課題です。

近年のさらなる寿命の延びによって、これまで私たちが考えてきた老後の生活費の想定とそれへの対策は、根本から見直す必要が出てきているのです。

そこで第1章では、まずはそうした長い老後で、実際にどれくらいのお金が必要になるのか、また、そのうちのどれくらいを事前に準備しておかなければならないのか、具体的に見ていくことにしましょう。

“老後の相場”はいくらか？

長くなった老後に、一般的にはどれくらいの生活費がかかるのでしょうか？　たとえて言ってみれば「**老後の相場**」ですが、まずはこの点から確認していきます。話を単純にするため、ここでは毎月の収支で考えていきましょう。

○月々の支出は27～36万円程度

ひとくちに「老後の生活費」と言っても、「最低限の生活」と「ゆとりある悠々自適の生活」では、必要となる金額はかなり異なります。

まず「最低限の生活」を送る場合に必要な生活費については、総務省が毎年公表している「家計調査報告」が参考になります。

本書執筆時点での最新版は令和3年（2021年）分ですが、コロナ禍による行動制限等のためか令和2年（2020年）と3年は通常時の傾向から外れた数値が出ているので、ここではあえて、ほぼコロナ禍以前となる令和元年（2019年）分を使用して見ていきます。

この調査報告によれば、夫婦がともに65歳以上で子どもはすでに独立、2人とも定年を迎えているような「夫婦高齢者無職世帯」のケースで、**全国平均で月額26・8万円の生活費がかかる**とされています（細かい内訳は28ページ・図2参照）。

これは、生活費が安く抑えられる地方も含めた調査です。そのため全国の平均値とはいえ、老後の「最低限の生活費」として捉えても問題ないでしょう。ただし、この調査結果の生活費は持ち家を前提としているため、お住まいが賃貸住居の場合には別途家賃が必要となります。

一方の「ゆとりある悠々自適の生活」における生活費については、公益財団法人・

生命保険文化センターが公表している「生活保障に関する調査」が参考になります。本書執筆時点での最新データは令和元年（2019年）版です。

この調査は全国各地400カ所で、18～69歳の男女4000人以上に面談をしている大規模なもので、高い信頼性を誇ります。母数を日本の人口とする場合、統計学の理論から一般にサンプル人数400人で誤差5％、1000人で誤差3％、10000人で誤差1％とされますから、仮に日本人全員に同じ調査をしたとしても、その結果にはこのサンプル調査の結果と1～5％程度の誤差しか生じません。

その信頼性の高い調査に、「ゆとりある老後生活費」に（追加で）いくらくらいが必要だと思うか、を問う箇所があります。この質問に対しては、（通常の生活費との合計で）**月額平均36・1万円程度が必要と考えられている**という結果が出ています。

これらをまとめると、**老後の生活費には「最低限の生活」で月額およそ26・8万円、「ゆとりある悠々自適の生活」であれば月額およそ36・1万円が必要になる**ということになります。

持ち家を前提とした金額なので、住居が賃貸の場合には、プラス家賃も必要です。

◯年金だけではまったく足りない！

収入面についても見てみましょう。

定年後は、再就職やアルバイトをしなければ、主な収入源は公的年金となります。この公的年金でもらえる金額は、厚生労働省が示しているモデル世帯で**月額およそ22・0万円**です（令和4年1月21日厚生労働省発表「令和4年度の年金額改定について」より）。

ちなみにこのモデル世帯とは、夫が厚生年金に40年加入し、妻が第3号被保険者期間を含めて国民年金を40年支払った場合を想定しています。そのため、これはほぼ最大限に年金をもらえる場合の金額だと考えたほうが安全です。**実際にもらえる金額は、これより毎月数万円は下がるケースがほとんど**ですから、その点には注意してください。

とはいえ、仮にこのモデル年金額を採用するとしましょう。すると、毎月の老後の収支がざっくりと把握できます。

次ページの図2にわかりやすく示しましたが、**「最低限の生活」であっても、公的年**

2　老後の生活費は、年金だけではとても足りない！

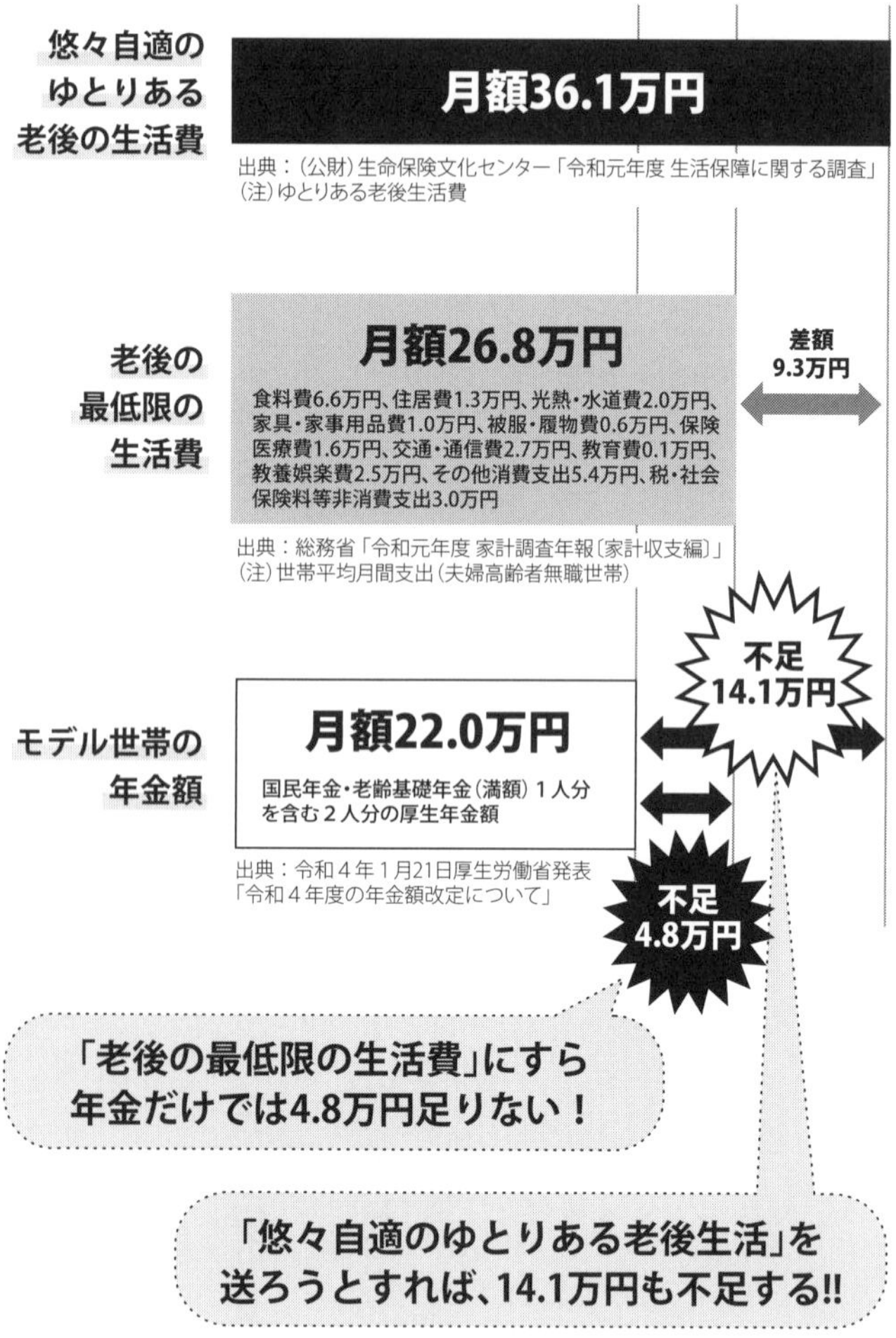

出典：（公財）生命保険文化センター「令和元年度 生活保障に関する調査」
（注）ゆとりある老後生活費

出典：総務省「令和元年度 家計調査年報〔家計収支編〕」
（注）世帯平均月間支出（夫婦高齢者無職世帯）

金だけでは毎月4・8万円程度は生活費が足りなくなることがわかります。

また、**「ゆとりある悠々自適の生活」を送りたいのであれば、毎月およそ14・1万円は足りない**計算となります。

◯介護施設への入所費用などを考えると、収支ギリギリでは危ない

ただし**実際には、この金額にはもう少し余裕を持たせないと危険です。**

先ほども述べたように、実際にもらえる年金額はモデルケースより数万円は少ない場合がほとんどです。

また、ここで取り上げた支出に関する2つのデータには、老後に介護が必要になった場合に、老人ホームなどの施設に入るための費用が考慮されていません。

老人ホーム等の介護施設に関する費用は、かなりの高額となるケースも多いですから、毎月ギリギリの収支で計算をしていると、最後の最後になってお金が足りなくなる恐れがあります。

さらに、たまには旅行に出かけたり、趣味にしっかりお金をかけたり、子どもや孫

への資金援助や、冠婚葬祭費といった不意の出費にも余裕を持って対応するには、**公的年金だけではざっくり毎月15万円は足りない**、と考えておいたほうが安全でしょう。

これだけ余裕を見ておけば、まず確実に「ゆとりある悠々自適の生活」を送ることができるはずです。

さて、豊かな老後を送るために事前に準備をしておきたい月々の不足額が、およそ15万円だとすれば、100歳までの35年間の老後期間に備えて、私たちが手当てしなければならない資金の総額も計算できます。

つまり、15万円×12カ月×35年＝**6300万円**です。

これが、**現状で考えられる、もっとも正確な「老後の相場」**と言えるでしょう。

貯金や保険ではとても間に合わない

給与の半分以上の貯金が必要⁉

１００歳までの豊かな老後生活に必要となる資金が６３００万円だとすれば、それだけの大金を、私たちはどのように用意すればよいのでしょうか？

多くの方が最初に考えるであろう、貯金による方法をまず検証してみます。

必要額である６３００万円を、一般に定年か、定年後の再雇用制度の最終年齢となる65歳を終える時点までに、貯金によって用意すると考えます。バリバリと働いて稼げる現役のうちに、老後の必要額を用意してしまおうという作戦です。

この場合、もしあなたが現在30歳であれば、65歳の定年までに残された年数は35年です。

あなたが現在40歳であれば、残された年数は25年。

あなたが現在50歳であれば、残された年数は15年です。

貯金にあてられる年数がわかれば、あとは単純な割り算です。これにより月々いくらくらいの貯金をすれば、必要な額を定年退職までに用意できるのか、ざっくりと計算できます（厳密に計算をするには、貯金期間中の金利収入を考慮する必要がありますが、近年は金利が非常に低いので、単純計算での算出と結果は大きく変わりません）。

現在30歳の場合：6300万円÷35年÷12カ月＝15万円
現在40歳の場合：6300万円÷25年÷12カ月＝21万円
現在50歳の場合：6300万円÷15年÷12カ月＝35万円

この計算によって、現在30歳なら毎月15万円、現在40歳なら毎月21万円、現在50歳なら毎月35万円の貯金ができるのであれば、貯金だけで老後の生活費の不足分をすべて事前に用意できることがわかります。

……もちろん、**実際にここまでの金額を毎月欠かさず貯金していくなどということは、到底不可能でしょう。**

日本人の平均的な給与額などを考えれば、手取り収入の大半を老後のために貯金し続けなければならない計算となり、とても現実的ではありません。

残念ながら、**貯金だけでは十分な老後資金は用意できない**のです。

○死ぬまで年金を払ってくれる保険がある

「貯金によって老後資金を確保することが難しいのなら、リスクのない保険によって、この資金を手当てすることはできないか？」と考える方もいらっしゃるでしょう。次にその可能性を検証してみます。

保険にはさまざまなタイプの商品があり、なかには老後の生活費をカバーすることを主目的とした「**個人年金保険**」と呼ばれるタイプの保険商品も存在します。

60歳など一定の年齢になるまで保険料を払い込むと、その後、被保険者が生きている限り、毎月の生活費として一定の年金を受け取れるという商品です。
ちなみにこの種の商品では、被保険者が亡くなるとその時点で年金の支払いは終了しますが、10年程度の支払い保証期間があり、仮に被保険者が年金の支払い開始後、早い段階で亡くなった場合でも、その間は遺族が年金を受け取れる商品設計が一般的です。

こうした個人年金保険によって、老後に月々15万円の年金を確保することができれば、毎月の足りない生活費分をちょうど補てんできます。無理な貯金によって資金を用意する必要もなくなるでしょう。

では、その場合の月々の保険料や総支払額はいくらになるでしょうか？
60歳から、月額15万円の年金（基本年金額180万円）を生涯受け取れるケースでの毎月の保険料や総支払額を、公益財団法人・生命保険文化センターの資料を使って試算してみると、その金額は図3のようになりました。

3 個人年金保険の支払保険料額を試算すると…

以下の条件で試算：
・10年の保証期間付き終身年金保険（定額型）
・夫が60歳で年金支払い開始。基本年金額180万円（月額15万円）
・亡くなるまで一生年金を受け取れるが、死亡時点で年金は終了する

年齢	月々の保険料	年間の保険料	総支払額
30歳	12.7万円	153万円	4588万円（30年間）
40歳	19.2万円	230万円	4605万円（20年間）
50歳	38.6万円	464万円	4635万円（10年間）

出典：公益財団法人 生命保険文化センター「ねんきんガイド（2022年6月改定）」より作図
※基本年金100万円（年額）の保険料を1.8倍して算出。50歳時の保険料は割り戻して試算している
※月額保険料は小数第二位、年間保険料・総支払額は小数第一位を四捨五入した概算

いかがでしょうか？

あなたが現在30歳前後なら、月々の保険料が13万円弱です。高収入の方なら、かろうじて考慮に値する金額かもしれませんが、ほとんどの人は月々13万円近くもの保険料など支払えないはずです。

さらに、もしあなたが40歳前後や50歳前後なのであれば、月々の保険料はもっと高額になります。

残念ながら、**個人年金保険によって老後資金の不足分を補てんしようとするのも、現実的な選択肢ではないのです。**

退職金はアテにできる？

平均額は企業規模や最終学歴によって大きく異なる

貯金や保険では老後の生活費の不足分を補てんできないのであれば、現実的な選択肢として次に考えられるのは「退職金」でしょう。読者のみなさんのなかにも、老後の生活費は退職金でなんとかしよう、と考えている方は多いと思います。

ただし、**退職金の実際の金額を見ていけば、この想定も甘すぎることがわかります。**

たとえば、経団連と東京経営者協会が共同で、隔年で調査・発表している「退職金・年金に関する実態調査結果」（2021年9月度）によれば、標準的なキャリアの労働者が60歳で退職した場合の退職金平均額は次のようになっています。

4 退職金の平均額は？

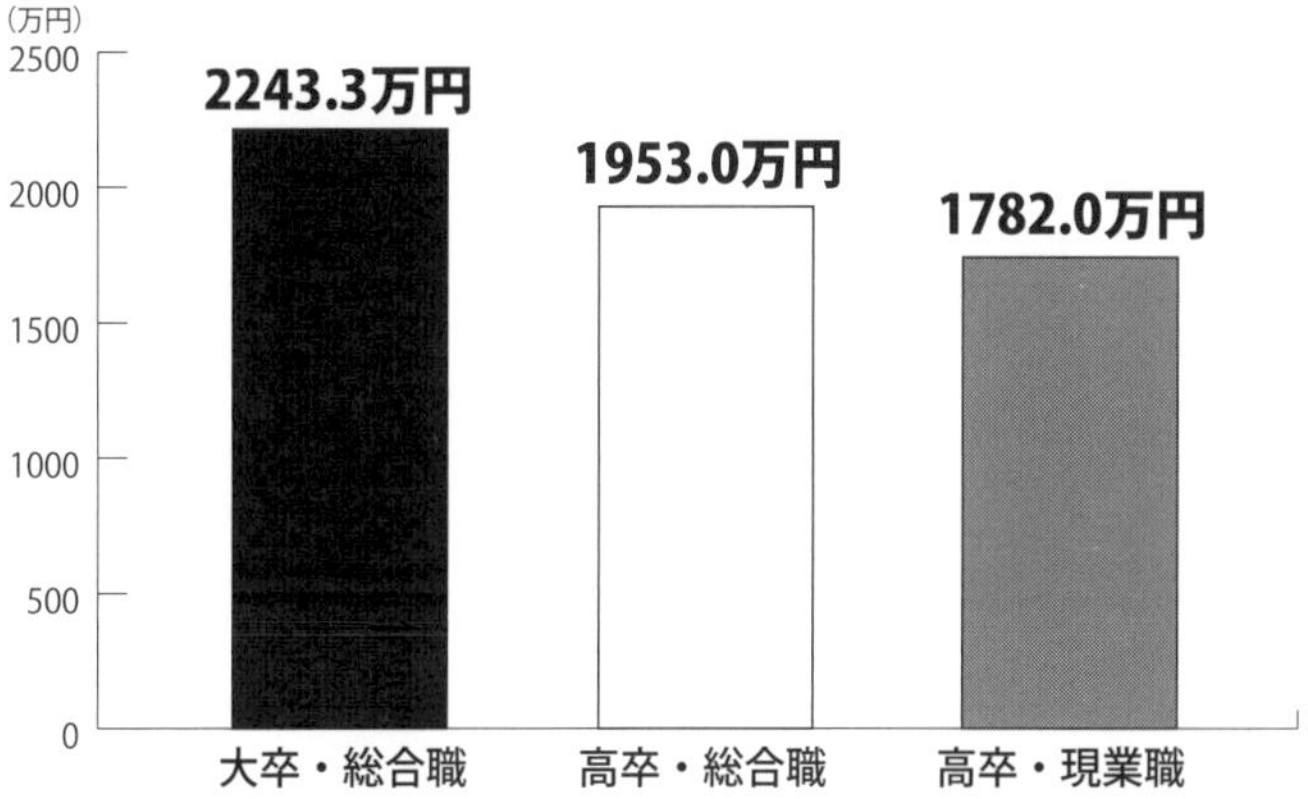

出典：日本経済団体連合会、東京経営者協会
「2021年9月度 退職金・年金に関する実態調査結果」(2022.3) をもとに筆者作図

大卒・総合職：2243万3千円
高卒・総合職：1953万円
高卒・現業職：1782万円

これだけを見るとそこそこの金額ではありますが、**先ほど示した豊かな老後での必要額6300万円には到底足りません。**

また、この調査対象には大企業が多く含まれています。**中小企業に勤めている場合にもらえる退職金の平均額を次ページの図5に示しますが、これよりグッと少なくなります。**

中小企業での退職金の相場については、東京都産業労働局・労働相談情報

5　中小企業での退職金の平均額は大きく減る

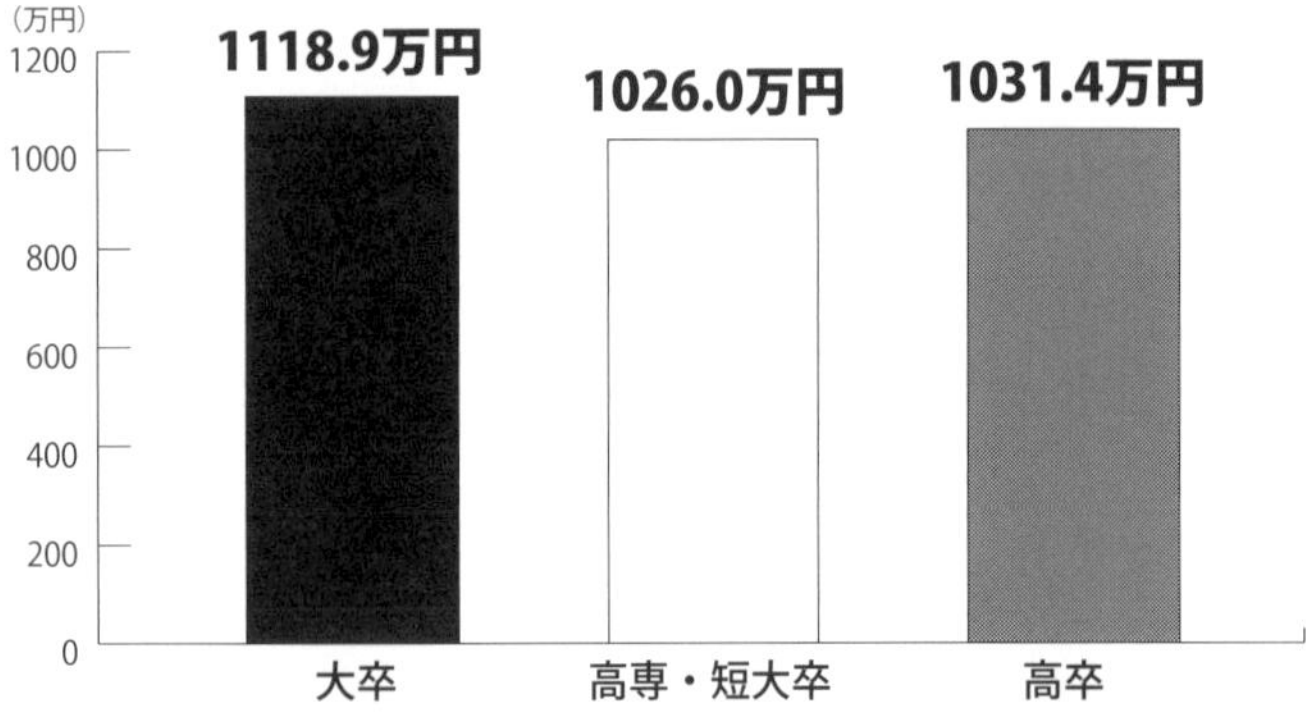

出典：東京都産業労働局・労働相談情報センター
「令和２年版 中小企業の賃金・退職金事情」（2020.12）をもとに筆者作図

センターが２０２０年12月に発表したデータが参考になります（図５・「中小企業の賃金・退職金事情」令和２年版）。これによれば、もらえる退職金額はおおよそ次のようになるそうです（卒業後すぐ入社し、通常の能力と成績で定年まで勤務した場合のモデル退職金の平均額）。

大卒　　　　：１１１８万９千円
高専・短大卒：１０２６万円
高卒　　　　：１０３１万４千円

最終学歴にもよりますが、**中小企業にお勤めの方では、退職金は１０００万円を少し超えるぐらいになる場合が多い**ようです。

ただし、この調査では東京都内に本社を

6 退職金は何歳まで取り崩せるのか？

以下の条件で試算：
・退職金1,500万円を運用しつつ、毎月15万円ずつ使っていく
・運用利率は年平均０％、１％、２％、３％のそれぞれの場合を計算

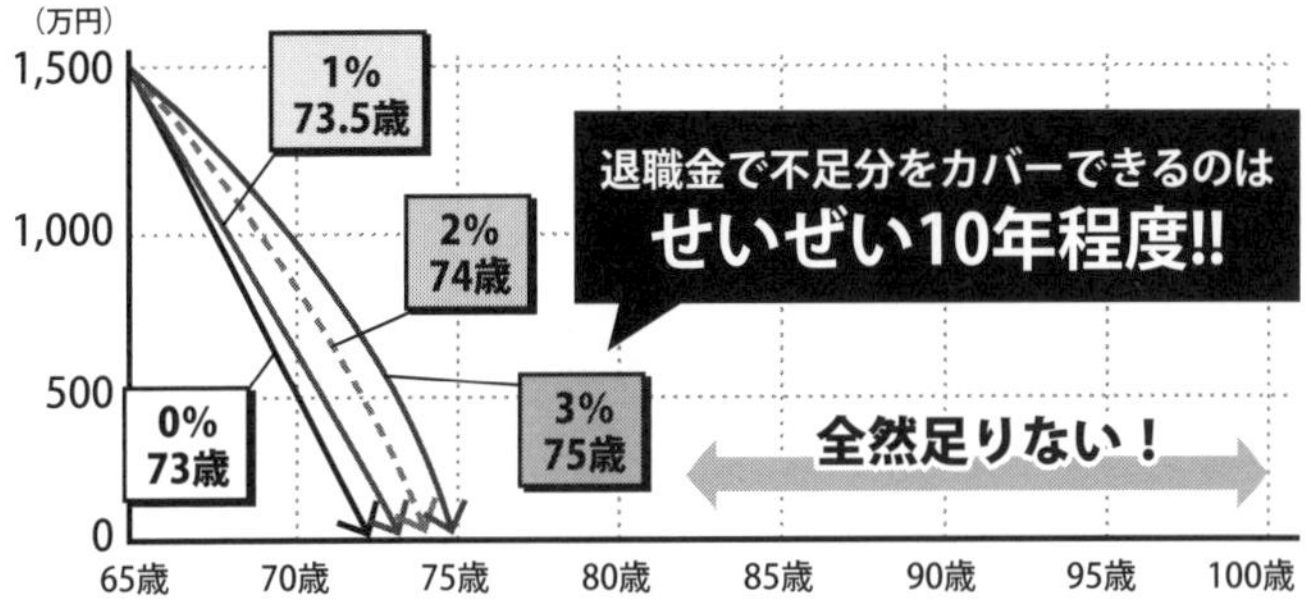

置いている企業が対象となっていますので、地方の場合には、この金額はさらに少なくなるケースが多いでしょう。

○どう節約しても10数年がやっと

大企業と中小企業の平均値として、仮に退職金１５００万円を受け取れるとしましょう。その退職金を運用しながら、毎年15万円ずつ取り崩していく場合に、何年くらい退職金で生活を維持できるか計算してみます。

すると、**年率３％で運用できたとしても、約10年で退職金はすべてなくなってしまう**、という結果になりました（図６参照）。

がんばって節約して、毎月取り崩す金額を少なくしたとしても、退職金で生活費の不足額をカバーできるのはせいぜい十数年が限界でしょう。いずれにせよ、**35年にもおよぶ長い老後の資金不足を、すべてまかなうことなどとてもできません。**

退職金は、確かに老後資金の助けにはなります。しかし、それだけでは不足分を完全にカバーすることはできないという事実を、しっかりと認識しておく必要があるのです。

退職金を介護施設への入所費用にあてる人も多く、その場合には老後の生活費の補てんに回せる金額はさらに少なくなることも考慮してください。

ちなみに、退職金の運用に失敗して毎年5％の損失を出してしまった場合についても同じように試算すると、**1500万円の退職金がわずか7年弱でなくなってしまう**という結果になりました。

株式投資やＦＸでは、年5％程度の損失をこうむることは珍しくありません。**せっかくの退職金は、きちんと安定的な形で運用しなければならない**ということも、この計算からわかります。

7 年々減少する退職金の平均額

「大卒以上」「管理・事務・技術職」「定年退職」「勤続20年以上」「45歳以上」の場合

調査年	退職金の平均額
1997年	2,871万円
2003年	2,499万円
2008年	2,323万円
2013年	1,941万円
2018年	1,788万円
2021年	1,657万円

出典：2018年までは厚生労働省「就労条件総合調査」及び「賃金労働時間制度等総合調査」、2021年は経団連・東京経営者協会「2021年9月度 退職金・年金に関する実態調査結果」より平均を計算

○過去24年で1200万円以上平均額が減っている

このほか、**退職金の額が年々減少していることも見逃せません。**

図7は、厚生労働省が発表している例年の「就労条件総合調査」や「賃金労働時間制度等総合調査」等の資料から、「大卒以上」「管理・事務・技術職」「定年退職」「勤続20年以上」「45歳以上」の条件に合致する労働者の平均退職金額について、およそ5年ごとの推移を示したものです（金額が図4や図5と大きく異なるのは、調査対象が全国となっていて地方企業や中小企業が多く含まれるためで

しょう）。

これを見ると、１９９７年から直近調査の２０２１年までの**およそ24年間で、退職金の平均額がなんと1200万円以上も減っている**ことがわかります。しかも一度も回復することなく、一直線に下降しています。

その背景には、長く続く日本経済全体の低成長などがあるのでしょうが、仮にこのペースで今後も退職金額が減少していく想定で試算すると、**2035年ごろには、平均退職金額が1000万円を切ってしまいます**。

加えてこの平均額は、大卒以上で勤続年数が20年以上、管理・事務・技術職の方の場合のものですから、高卒の方などの退職金額は、さらに低いものになることが避けられません。

どんなに頼ろうとしても、肝心の退職金はどんどん減ってしまっています。

こうした面からも、老後の生活資金として退職金をアテにしすぎるのは、非常に危険と言わざるをえないのです。

何も対策をとらないと「貧乏老後」に陥る危険性が高い！

かわいい子どもや孫に迷惑をかけることになる

公的年金だけでは長くなった老後の生活費をまかなうにはとても足りず、貯金や年金保険、退職金でもその不足分を満足にカバーするには至りません。

さらに厳しいことに、現在は継続的な物やサービスの価格の上昇、いわゆる「インフレ」が起こっています。**インフレ環境下では、貯金や退職金などの現金はしだいにその価値が目減りしていきます。**

お金に対して、物やサービスのほうが少しずつ貴重になっていくので、一定の金額の貯金や退職金などの現金で買える物は減少し、受けられるサービスも限られていく状況です。

――平均寿命が延び、それにともなって老後も劇的に延びたことで、私たち全員がこうした厳しい状況に直面しています。

しかし、これといった対処法が思い付かないために、現実から目を背《そむ》けている人が多いように私には見えます。

しかし、それではダメなのです。

老後の資金が不足すると、確実に家族や親戚に迷惑をかけることになります。

実際、私の会社でも若い社員が、還暦を迎えた実家の両親に毎月仕送りをしているケースがあります。

「家族なんだから、多少の迷惑はかけてもいいだろう」という考え方もあるかもしれません。しかしその場合には、かわいい子どもや孫の将来の選択肢を、みなさん自身が狭めてしまうことになります。

また資金がないことで、私たちに介護が必要になったとき、希望する介護施設に入ることができないケースも考えられます。

介護施設への入所は、ある意味では介護の手間をお金で解決する手段ですから、介護施設への入所ができないのであれば、家族が自ら介護をしなければなりません。肉体的な負担が大きな「老老介護」や、働き盛り世代が親の介護のために離職せざるをえなくなる「介護離職」の問題を引き起こすことも考えられるでしょう。介護のストレスが原因となった痛ましい事件も、ときどきニュースになっています。

そうした事態を避けようと思えば、家族や親戚がみなさんのために高額な費用を支払って、介護施設への入所をさせることになるかもしれません。

どのような形になるかはわかりませんが、**いま何もせず、想定外に長くなった老後への備えを始めなければ、このように家族や親戚に多大な迷惑をかけることになるのは間違いありません。**預貯金を切り崩しながら、あるいは生活保護をもらいながら、ほそぼそと質素な生活をする**「貧乏老後」に陥る危険性が高い**でしょう。

最終的には身内とも疎遠になってしまい、「孤独死」を迎える危険性さえ皆無ではありません。

○なぜ早く動き出さなければならないのか？

そして、そうした事態を防ぐための対策には、できるだけ早く着手しなければなりません。なぜなら**早く動くということは、それだけ長い時間を老後資金の準備に使えることになる**からです。

時間は平等で、老後までの時間には限りがあります。そのため着手が遅れれば、老後の資金をつくるための準備期間は減ります。そうすると、お金を増やすための選択肢が狭まり、できることも限られてきます。

少ない選択肢のうちから、短期間のうちに必要な金額を確保しようとして、あせって高い利回りの投資先を選ぶことも多くなるでしょう。これらの投資先は高い利回りの分、リスクも高いため、投資に失敗してかえって手持ちの資金を減らしてしまう人が少なくありません。また、そうした人たちを狙う詐欺的な商品に引っかかってしまう人もいます。

現に金融庁への投資詐欺に関する相談のおよそ65％は、60代以上の方からである、というデータもあります（政府広報オンライン・２０２２年10月）。

8 投資詐欺にご注意を　気をつけるべき6つのポイント

(1) 聞いたことのない業者（金融庁への登録も確認できない業者）から勧誘されている

法律上、幅広い投資家に対してファンドへの出資を勧誘できるのは、金融庁（財務局）の登録を受けた業者に限られます。これ以外の事業者が勧誘することは、法律違反の可能性があります。

(2)「上場確実」「必ず儲かります」「元本は保証されています」などと請け合う

株式や債券、投資信託やファンドなど金融商品は、経済状況などに応じて、収益が出なかったり元金を割り込んだりする可能性があります。

(3)「未公開株」や「私募債」の取引を勧誘されている

一般的に、幅広い投資家に未公開株や私募債の取引を勧誘されることは、考えられません。

(4) X社の株式・社債の購入を勧誘された後、別の業者からタイミングよく連絡があり、「その株は必ず値上がりする」「その株を買ってくれたら、後日高値で買い取る」などと勧誘されている

投資詐欺によくみられる手口です。

(5) 業者が「金融庁（またはその他の公的機関）から、認可・許可・委託・指示などを受けている」と説明している

投資詐欺によくみられる手口です。金融庁などの公的機関が投資の勧誘やそれに類した業務を民間業者に委託・指示することはありません。

(6) 金融庁や財務省財務局、消費者庁や消費生活センター、証券取引等監視委員会などの公的機関や、それらを連想させるような名称を使っている

上記(5)と同様です。公的機関のウェブサイトなどで、正しい名称を確認しましょう。

出典：政府広報オンライン「投資詐欺にご注意を　気をつけるべき6つのポイント。相談窓口もご紹介。」2022.10
https://www.gov-online.go.jp/useful/article/201510/2.html

前ページの図8に、政府広報オンラインの「投資詐欺にご注意を」という資料から、「気をつけるべき6つのポイント」を引用掲載しましたので、みなさんも念のため確認しておいてください（政府広報オンラインのウェブサイトには、相談窓口の記載もあります）。

こうした失敗をおかさないためにも、老後資金の準備にはできるだけ早く着手すべきです。早ければ早いほど選択肢が増え、リスクも小さくなります。

大事なのは、こうした現実を直視し、あきらめないこと。

あきらめずに、**早い段階から老後資金の不足を補《おぎな》えるだけの「安定的な収入源」を確保すること**です。

——**そのための最適な選択がマンション投資**です。

第2章では、なぜマンション投資が長い老後の生活費不足をカバーするのに適しているのか、詳しく解説していきます。

第2章

「マンション投資」こそが老後リスクを解消する最善策となる

長期にわたる老後資金の対策には実物資産のマンション投資がピッタリ

前章で詳しく見たように、「人生100年時代」の長い老後リスクに備えるには、次に示す2つの選択肢のうち、どちらかを早い段階で実行する必要があります。

① 公的年金だけでは不足する約6300万円を、65歳までに用意する

② 65歳以降に月々15万円程度の安定的な収入を得られるものを、事前に確保しておく

このうち①の6300万円の資金をつくる対策は、よほど高給取りの方の場合か、ハイリスクな投資に手を出してそれで大成功でもしない限り実現困難です。ただ貯金をするだけでは、到底そんな大金を用意できないことはすでに詳述したとおりです。そのため、**②の月々15万円程度の安定収入を事前に確保しておく、という選択肢を考えるほうが現実的**です。

とはいえ、こちらの選択肢についても、すでに年金保険では実現しづらいことは述べました。リスクがほとんどないと言っていい「保険」では対策にならないのですから、そこから一歩踏み出し、多少のリスクをとってでも、より大きな金額のリターンを狙っていく必要があります。

つまり、**今後の長い老後に資金的に備えたいのであれば、私たちの誰もが「投資」をする必要がある**ということです。

○銀行預金も投資の一種だが……

日本人には、「投資」という言葉を聞くだけで拒否反応を抱く方が多くいらっしゃいます。しかし、ひとくちに「投資」と言っても、その投資対象はさまざまです。

たとえば「投資」を嫌う方の多くが、投資をする代わりにお金を預ける**銀行預金も、実は立派な投資の一種**です。

銀行預金は、私たち預金者が銀行にお金を貸して、銀行がそのお金をさらに運用する投資商品です。銀行は運用によって利益を得て、その利益の一部を「出資者」である預金者に利息として支払います。つまり、この利息が投資のリターンです。

そして、**リターンがあれば必ずリスクもあるのが投資の原則**です。銀行預金の場合には、仮にお金を預けた銀行が倒産してしまった場合、お金が戻ってこなくなる危険性があり、これがリスクとされています。

ただし、銀行は経済全体のなかで重要な役割を果たしているので、政府によって手厚く保護されていて、たとえ倒産した場合でも、政府が預金者に1000万円までの預金とその利子分の返金を保証しています。

そのため**リスクがあると言っても最低限で、リターンについても、それに見合うごく小さなものしか設定されていません**。実際にすでに30年近くも、銀行預金の一般的な金利はゼロに近い小数点以下の利率で推移しています。

投資の一種とはいえ、ここまでローリターンな投資では、長くなった老後の資金不足に備えるためには不十分です。仮に1000万円の定期預金をしていても、ATMの時間外利用手数料を数回支払っただけで、その利息分を使い切ってしまうくらいのリターンしかありません。

○ふつうの人がプロの投資家に勝ち続けることはできない

一方で、株やFXのレバレッジ取引、最近では仮想通貨といったハイリスク・ハイリターンな投資対象も存在しますが、**老後リスクに備えるための投資には、これらの投資対象も不適切**です。

これらの投資対象では、リスクが非常に高い分、うまく勝負に勝つことができれば大きなリターンを手にできます。そのため、そのリターンで老後資金を用意できる可能性はあります。ただ、それは誰にでもできることではありません。

これらの投資対象の価格は、市場で日々刻々と変化します。そのため**常にその推移に注意を払わなければなりませんし**、価格の変動に影響を与える要素も多いので、**継続的な情報収集が求められます**。これは本業を別に持っている人にはなかなかできることではありませんし、毎日24時間ずっと市場を監視することもできません。

実際に、たとえば２０２２年10月21日には、政府・日銀による為替介入が深夜に行われ、ドル円相場が数時間のうちに６円近くも変動する場面がありました。ＦＸ取引を行っている人のなかには、就寝中に大金を失った人も多くいたようです。

また、これらの投資対象の取引市場には、投資だけで生計を立てているプロの投資家もいれば、莫大な資金を運用する機関投資家なども多数存在しています。**個人の参加者は、こうしたプロや企業と同じ土俵で、同じルールで対等に勝負することを求められますから、長く勝ち続けることができる人はほとんどいません。**むしろ、「カモ」として上手に料理されてしまうことのほうが、ずっと多いでしょう。

株やＦＸのレバレッジ取引で退職金を増やそうとしたばかりに、長年かけてようやく手にしたまとまったお金を、あっという間にすべて失ってしまった、という話を聞くことも少なくありません。年をとってからの投資では、負けを取り返すこともほとんど不可能です。

端的に言って、**これらのハイリスク・ハイリターンな投資で、ふつうの人が老後の資金を稼ごうとするのは無謀であり、とてもすすめられることではない**のです。

老後対策のために生まれてきたような投資がある！

老後における資金不足に備えようと思って投資するのであれば、**リスクやリターンの程度がこれらの中間に位置するミドルリスク・ミドルリターンの投資対象**が必要です。

しかも、**それほど値動きが激しくなく、本業を別に持っている人でも投資することが可能で、老後の資金不足をきちんとカバーできる程度のリターンが長期間得られる投資対象**でなければなりません。

「そんなにたくさんの要求に都合よく合致する投資対象なんて、あるのか？」と思うかもしれませんが、存在しています。

実物資産である不動産への投資、なかでも**賃貸用のマンションに対して行う投資は、こうした老後リスクへの対策として、必要な要素すべてに応えてくれる投資対象**です。

まさに、「最善策」と言えると思います。

その基本的な仕組みを、次ページの図9にまとめました。

まず、投資家となるオーナーは、自宅とは別に賃貸用のマンションを購入します。

9 マンション投資の基本的な仕組み

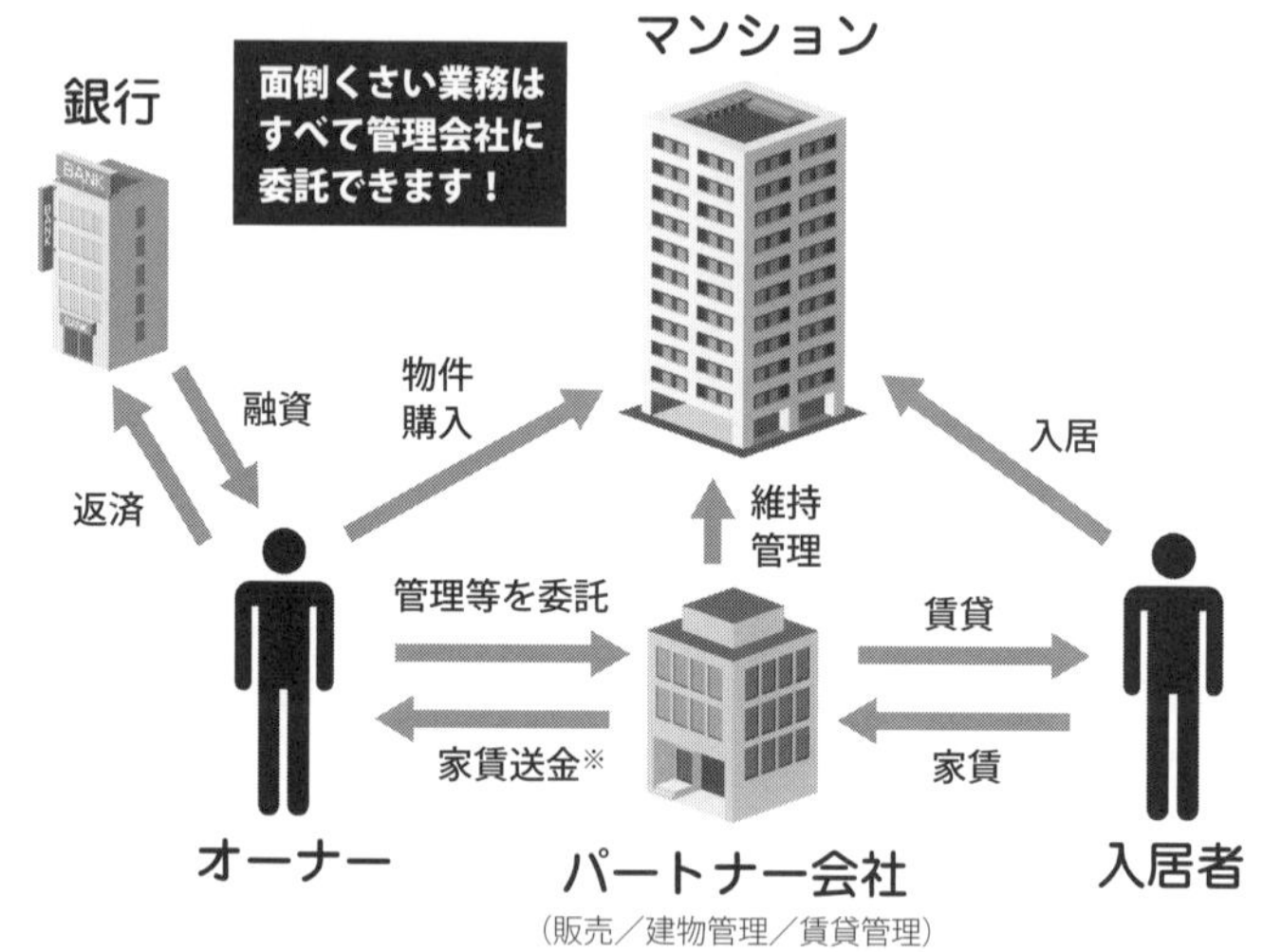

※家賃保証契約を結べば、空室でも一定の家賃収入を確保することも可能です

この購入の際には、一般的には銀行からの融資を利用します（余裕資金がある場合には、現金で購入することももちろん可能です）。

そして、**物件の建物管理は建物管理会社へ、入居者の募集・家賃の徴収などの細かい業務は賃貸管理会社へと、原則すべてを一括でパートナー会社に依頼します。**

依頼されたパートナー会社は、建物管理会社で建物の清掃・修繕、賃貸管理会社で物件への入居者付けを行い、物件を人に貸す際に必要となる審査や書類業務を行います。そして入居者から家賃が振り込まれたら、管理費等を除いた金額をオーナーに送金します。

オーナーは、この家賃収入を銀行への融資金の返済にあてます。すると、**老後の資金が必要になるころまでには返済が完了し、月々まとまった金額の家賃収入を確保する**という仕組みです。

○レバレッジを大きく利かせられる

この方法であれば、定年退職後の安定的な収入源を、無理なく確保することが可能です。最初にそれなりの金額を投資して物件を購入する必要はありますが、その資金は銀行からの融資を活用できます。

ほかの投資商品（株・FX・金など）では、基本的に銀行から融資を受けることはできません。一方、**実物資産のマンションでは、物件自体を担保にすることで、購入価格の大部分に銀行の融資を利用することができます。**いまは市場環境がよいので、条件が合えば購入価格の全額を融資でまかなえることがほとんどです。

「レバレッジ」を利かせることができるので、老後に必要となる資金を、自己資金を使わずに、必要なタイミングに間に合うようにしっかりと手当てできるのです。

なお、融資と聞いて返済が心配になる方も多いでしょうが、右で述べたように返済には毎月の家賃収入をあてることができますから、**日々の生活への圧迫はほとんどない形で、完済まで運用することが可能**です。

詳しい収支については後述しますが、私の会社ではむしろ最初から、月々いくらかのプラス収支になるよう調整することをおすすめしているくらいです。

○マンションも長生きになった

最近のマンションは、きちんとした管理や定期的な修繕、設備の更新などをしていれば、120〜150年程度は建物を利用できるとする研究もあるようです（国土交通省「期待耐用年数の導出及び内外装・設備の更新による価値向上について」2013年）。

収益不動産は使用できる限り、家賃収入を長く生み続けてくれますから、**老後が想**

定以上に長くなった場合にも余裕で対応できるでしょう。

35年にもおよぶ可能性があるこれからの老後生活への備えとしては、こうした「耐久性」を有した不動産に投資すべきというのは、大いに納得できる話のはずです。

○いったん買ったら放置できる

マンション投資は、いったん物件を購入したら、あとはパートナー会社に任せて「放ったらかし」にできるところも大きなメリットです。

現役世代のうちに老後資金への対策をする場合には、投資家のみなさんはほとんどの方が別に本業を持っています。そのため株や投資信託、FX、あるいは仮想通貨のように、常に投資対象の価格が変動していないか、注視していないといけないような投資では意味がありません。

マンション投資なら、その点も心配無用――先ほども述べたように、「建物管理」や入居者に関連する「賃貸管理」の業務は、原則としてすべてパートナー会社に代行を依頼できます。**オーナーが自分で行わなければならない業務は皆無**です。

マンションが自動的に、かつ安定的に家賃収入を生み続け、それによって勝手に融資金の返済が進み、いざ老後生活に入るころになれば、月々の生活費の不足分を補ってくれるようになるという画期的なスキームなのです。

加えて、マンション投資であれば、株・投資信託・FX・仮想通貨などのように価格の変化にヤキモキする必要もありません。

左の図10と図11は、例として2012〜2021年の10年間の日経平均株価のおおよその推移と、同時期における東京圏のワンルームマンションの賃料の変化率を示したものです。グラフの種類や変動率の計算期間が違うので単純に比較することはできませんが、10年の間に300%以上も価格が変動した日経平均株価に比べ、マンションの賃料は急激な変化をしていないことが見て取れるでしょう。

まさに、老後資金対策のために生まれてきたような投資がマンション投資です。

私が本書の冒頭で「マンション投資以外では、今後の老後資金への十分な備えは難しい」と言った理由も、少しはわかっていただけたのではないでしょうか？

10 日経平均株価のおおよその推移

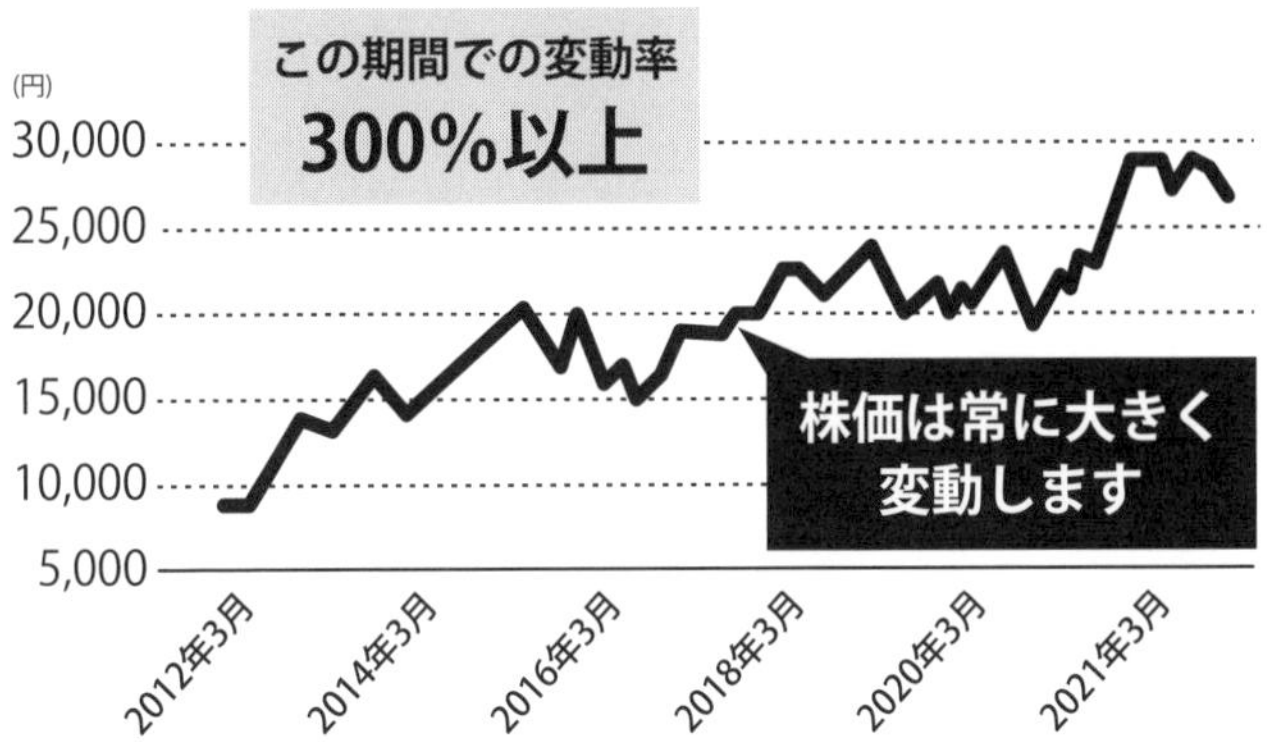

11 同期間における東京圏のワンルームマンション賃料の変化率

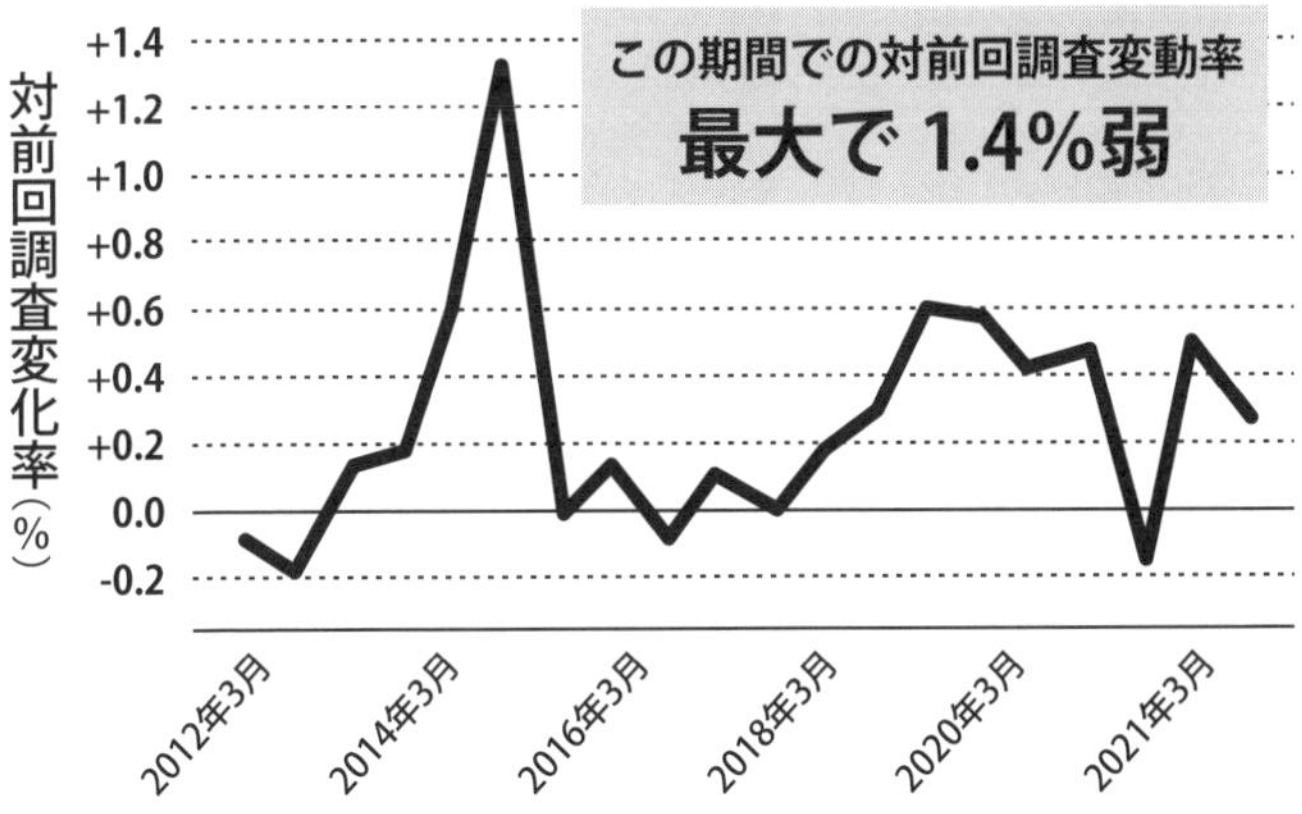

※出所:公益財団法人不動産流通推進センター「2022不動産産業統計集」2022から一部を抜粋

1戸持てば毎月プラス7・6万円の収入
――最低限の暮らしが確保できる!

◯家賃収入と差し引きされるので、らくらく返済が可能

マンション投資を行った場合の月々の収支について、いくつかのパターンを確認していきましょう。最近私の会社で販売した、横浜市内の新築ワンルームマンションを実例として解説します（ちなみに横浜は、SUUMO「住みたい街ランキング」5年連続1位です）。

この物件の価格は2780万円でした。頭金ナシで返済期間35年、金利1・6％の融資を受けて購入した場合、毎月の返済額は8万6487円となります。

この返済額に集金代行手数料、管理費や修繕積立金、租税公課などの諸経費を多めに見積もって加えると、オーナーの支出は毎月10万5320円となります（図12参照）。

12 マンション投資の収支モデル①

以下の条件で試算：
・物件価格：2,780万円
・融資額：100%、金利：1.6%
・返済期間：35年
・家賃収入：93,000円

諸経費の想定内訳（いずれも概算）

不動産取得税	15万円（取得時のみ）
購入時諸費用	100万円（購入時のみ）
固都税	7.5万円／年（35年で262万円）

合計377万円÷35年÷12カ月＝8,976円／月

収入		支出		収支
93,000円	−	合計105,320円	＝	−12,320円／月

支出内訳	
融資返済額	86,487円
集金代行手数料	2,557円
管理費	6,000円
修繕積立金	1,300円
諸経費（概算）	8,976円

対して、家賃の額は毎月9万3000円です。これは実際に該当の物件に付いている家賃です。

差し引きの収支は、9万3000円－10万5320円＝マイナス1万2320円で、月々1万円ちょっとの支出です。

この金額を毎月支払うだけで、融資金の返済が終わる35年後には、家賃から経費を引いた7万6893円を毎月手にできるようになります。

仮に物件を購入したのが30歳のときであれば、ちょうど65歳の定年するタイミングに完済をします。

なお7万6893円という金額は、月々の家賃9万3000円から、集金代行手数

13　月々7.6万円の収入プラン

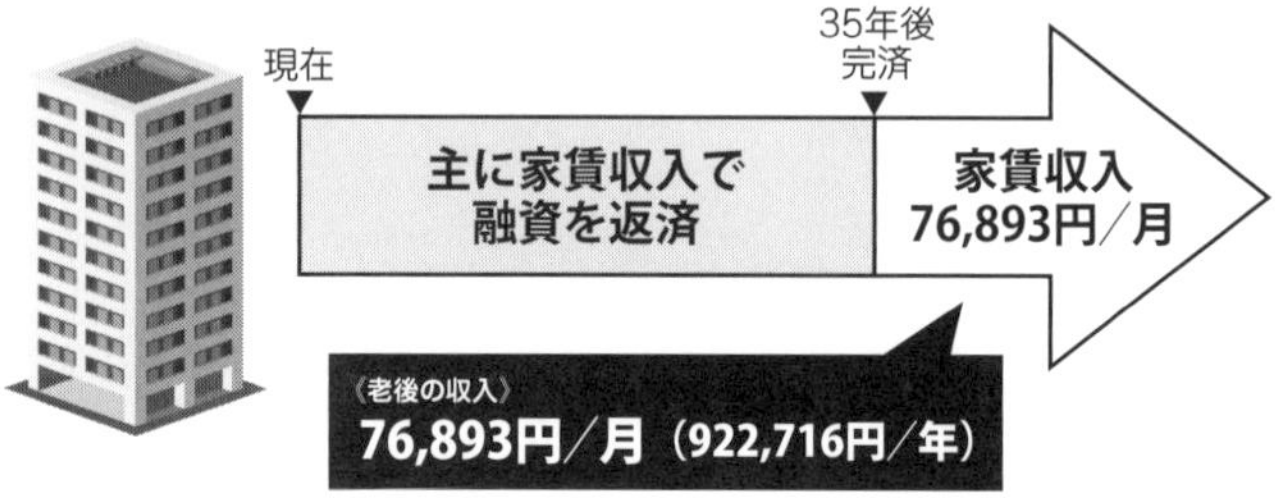

料、管理費、修繕積立金、および固都税（概算）の月割り額の合計である1万6107円を差し引いたものです。これらの経費は築後何年経っても、また返済が終わっても、支払いが必要だからです。

○月々1万円ちょっとで最低ラインを達成

第1章で解説した老後における月々の生活費の不足額は、「最低限の生活」の場合には4・8万円でした。せめてこの不足分を補てんできるだけの収入源を手当てしておきたいというのが、「老後の相場」だったことを覚えていらっしゃるでしょうか？

マンション投資で物件を1戸購入しておけば、老後に「最低限の生活」を送れるだけの資金は、それで十分に用意できてしまうわけです。

2戸持てば毎月プラス15・3万円の収入 ——悠々自適の老後生活も夢じゃない！

月々2万円台で豊かな老後を実現

ただし、マンション1戸分の家賃収入では、老後に「ゆとりある悠々自適の生活」を送るには足りません。それには、ざっくり月々15万円の収入源を用意する必要がありました。

もしあなたが、老後に「最低限の生活」ではなく「ゆとりある悠々自適の生活」を送りたいのであれば、**同じような物件を1戸ではなく2戸買うことで、月々の家賃収入の額が目標を上回るようにできます。**

ワンルームマンションの販売においては、新築分譲時に同じような物件が供給されます。そのため、複数買いも問題なく行えます。

試算してみましょう。

諸条件が前項での例とすべて同じ物件が、2戸供給されると仮定します。同じく頭金ナシで返済期間35年、金利1・6％の融資を利用し、この2戸を購入した場合、融資返済などの月々の支出額は21万6４0円と単純に2倍になります。収入額も倍になるので、月々の家賃の額は18万6０００円、諸経費も含めて差し引きの収支を計算すると、**毎月2万4640円の支払い**となります（図14参照）。**毎月約2・5万円を支払っていけば、それだけで35年後に毎月15・3万円の家賃収入を確保できる**という計算です。

毎月それだけの追加収入があれば、年金収入と合わせることで、豊かな老後生活を送りたい場合の生活費36・1万円も余裕で確保できます（68ページ・図15参照）。**ワンルームマンション2戸を購入することで、ある意味、悠々自適の老後生活を事前に「予約」できる**ということです。これは、かなりコストパフォーマンスのよい投資と言えるのではないでしょうか？　**老後の生活に対する不安が解消する**という、心理的

14 マンション投資の収支モデル②

以下の条件で試算：
・物件価格：2,780万円×2戸
・融資額：どちらも100%
・金利：それぞれ1.6%
・返済期間：どちらも35年
・家賃収入：どちらも93,000円

1戸あたりの諸経費の想定内訳（いずれも概算）

不動産取得税	15万円（取得時のみ）
購入時諸費用	100万円（購入時のみ）
固都税	7.5万円／年（35年で262万円）

合計377万円÷35年÷12カ月＝8,976円／月

《物件A》

収入		支出		収支
93,000円	－	合計105,320円	＝	−12,320円／月

支出内訳	
融資返済額	86,487円
集金代行手数料	2,557円
管理費	6,000円
修繕積立金	1,300円
諸経費（概算）	8,976円

《物件B》

収入		支出		収支
93,000円	－	合計105,320円	＝	−12,320円／月

支出内訳	
融資返済額	86,487円
集金代行手数料	2,557円
管理費	6,000円
修繕積立金	1,300円
諸経費（概算）	8,976円

合計収支

合計　−24,640円／月

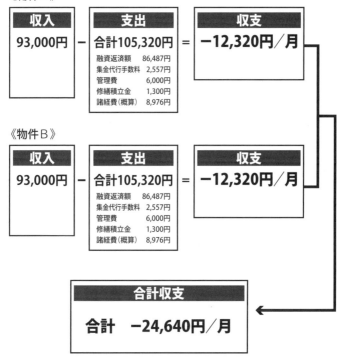

15 マンション2戸で目標額を達成できる

出典：令和４年１月21日厚生労働省発表「令和４年度の年金額改定について」

出典：総務省「令和元年度 家計調査年報〔家計収支編〕」（注）世帯平均月間支出

出典：（公財）生命保険文化センター「令和元年度 生活保障に関する調査」（注）ゆとりある老後生活費

に大きなメリットを享受できます。

○購入時の年齢が高い場合も、繰り上げ返済で対処可能

なお、物件購入時の年齢によっては、家賃収入の大部分が手元に入るようになるのが35年後では遅すぎる場合もあるでしょう。

そうした場合には、次ページの図16に示すように、**月々の支払いに繰り上げ返済をプラスすることで、完済までの期間を短縮することも可能**です。

物件を2戸保有している場合なら、繰り上げ返済で片方の物件の融資金を早期に完済したあと、その物件からフルに入るようになった家賃収入を、もう片方の物件の繰り上げ返済に回すこともできます。

こうした手法を活用していけば、あまり無理のない形で、資金が必要になるタイミングに完済のタイミングを合わせることも十分できるというわけです。

16 繰り上げ返済を活用した場合のモデル

以下の条件で試算：

・1戸2,780万円、家賃額93,000円、ローン返済以外の毎月の経費18,833円の物件を2戸購入（ここまでの事例と同じ物件）

・2戸とも頭金ナシの100％融資、返済期間：35年、金利1.6％

・毎年50万円の繰り上げ返済を実施し、早期完済を図る

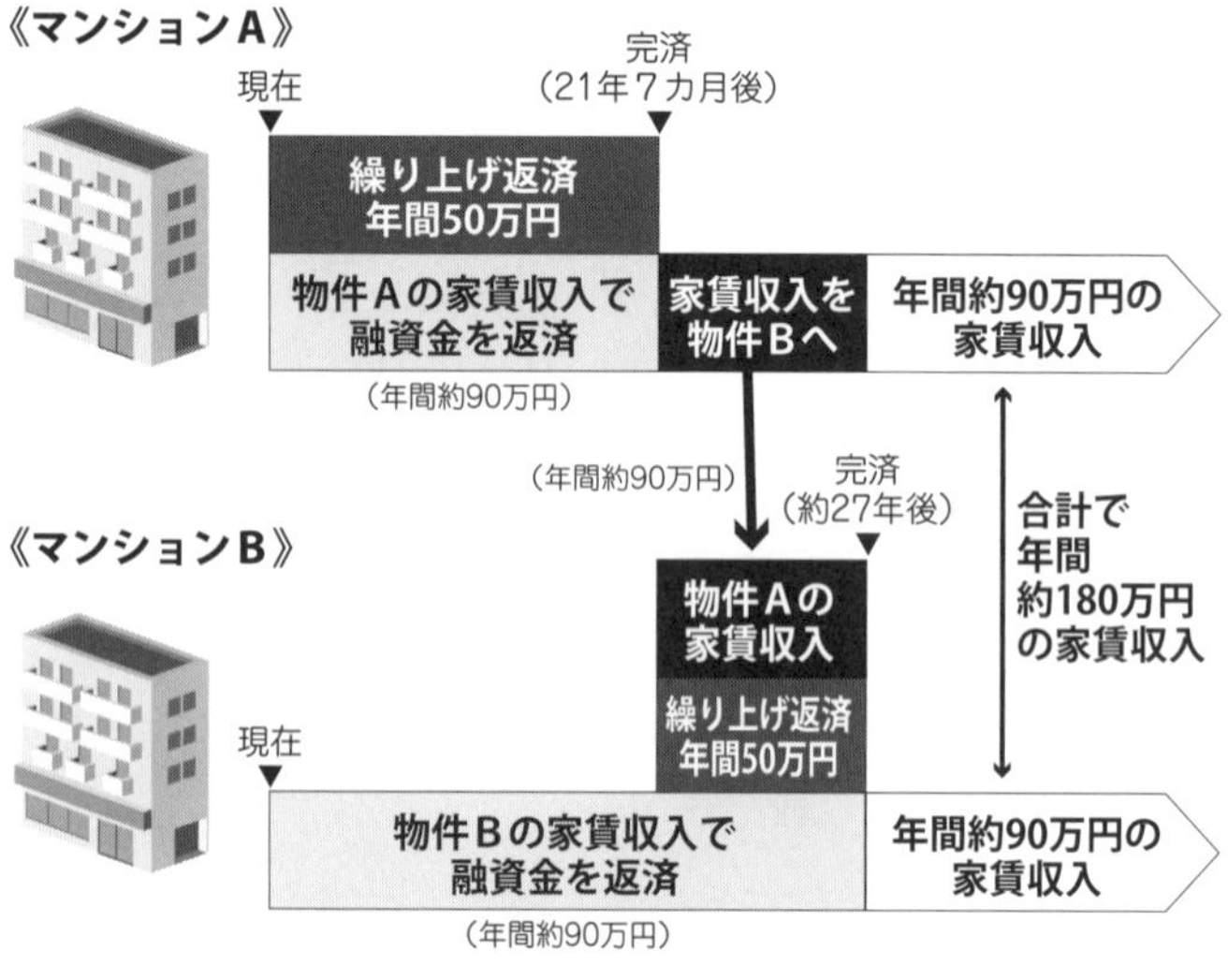

約27年で残債を完済して以降は、
2戸分の家賃収入：年間約180万円を丸々使える！

※この図では金利・家賃・租税公課の変動、リフォーム費用、管理費・修繕積立金の改定などは加味していません

※融資の返済額は変動させないものとして計算しています

一定の頭金を入れられるならいますぐプラス収入を得ることも可能！

月々の支払いをなくすことも可能

物件購入時に頭金を入れることで、毎月の融資返済額を大きく引き下げ、家賃収入との差し引き収支が大幅なプラスになるよう調整することもできます。つまり、老後が訪れるまで待たなくても、物件購入後すぐに追加の収入を手にすることも可能です。

次ページの図17は、前項までと同じく横浜市内の2780万円のワンルームマンションを、返済期間35年、年利1・6％の融資を使い購入した場合の収支を示したものです。

17 マンション投資の収支モデル③

以下の条件で試算：

・物件価格：2,780万円
　頭金：800万円
・返済期間：35年、金利：1.6%
・家賃収入：93,000円

諸経費の想定内訳（いずれも概算）

不動産取得税	15万円（取得時のみ）
購入時諸費用	100万円（購入時のみ）
固都税	7.5万円／年（35年で262万円）

合計377万円÷35年÷12カ月＝8,976円／月

収入
93,000円

－

支出
合計80,432円

融資返済額	61,599円
集金代行手数料	2,557円
管理費	6,000円
修繕積立金	1,300円
諸経費（概算）	8,976円

＝

収支
＋12,568円／月

月々の収入	年間の収入	10年間の収入
12,568円	150,816円	1,508,160円

※対頭金での年利は1.8852%（年間収入÷頭金）

ただし今回のケースでは頭金を入れています。頭金額は、このケースでは800万円です。

さて、この場合には月々の収支はどうなるでしょうか？

収入面に関しては、同じ物件ですから家賃は変わらず月額9万3000円です。

大きく変わるのは支出面で、月々の融資金の返済額が頭金ナシの場合の8万6487円から、6万1599円にまでおよそ2万5000円も減っています。集金代行手数料や管理費、

修繕積立金、諸経費などは変わりません。合計では、月々8万432円の支出となります。

結果として毎月の収支は、収入9万3000円−支出8万432円＝**プラス1万2568円**となり、毎月1万円を超える収入が発生します。**家賃収入で返済を続け、さまざまな経費も支払っているのに、それでも毎月1万円以上の追加所得があるということです。**しかもこれは、**老後になってからの遠い未来の話ではなく、物件を購入したらすぐに毎月発生する収入**です。

年間であれば15万816円の収入となり、事例では計算に入れていない入居者の入れ替わりの際の清掃費や経年劣化した内装の交換費用なども、そこから余裕を持って支払うことができるでしょう。

○頭金額は払える範囲でOK

このように**最初に頭金を入れることで、毎月の収支は自在に調整できます。**

図17の事例では頭金額は800万円ですが、そこまで出せなければ半分の400万

18 マンション投資の収支モデル④

以下の条件で試算：
・物件価格：2,780万円
頭金：400万円
・返済期間：35年、金利：1.6％
・家賃収入：93,000円

諸経費の想定内訳（いずれも概算）

不動産取得税	15万円（取得時のみ）
購入時諸費用	100万円（購入時のみ）
固都税	7.5万円／年（35年で262万円）

合計377万円÷35年÷12カ月＝8,976円／月

収入		支出		収支
93,000円	−	合計92,876円	＝	+124円／月

支出内訳	
融資返済額	74,043円
集金代行手数料	2,557円
管理費	6,000円
修繕積立金	1,300円
諸経費（概算）	8,976円

円でもかまいませんし、逆にもっと頭金を増やして、月々の追加収入の額を増やすこともできます。

ちなみに、**同じ物件で返済期間35年の条件であれば、400万円程度の頭金があれば、月々の収支をプラスの状態に持っていけます**（図18参照）。

これくらいの金額なら、若い人であっても十分に支払うことを考慮できるのではないでしょうか？

もう少し頑張って、頭金を600万円入れた場合に収支がどのように変化するか、返済期間35年で試算したモデルも図19に掲載しておきます。

19 マンション投資の収支モデル⑤

以下の条件で試算：
・物件価格：2,780万円
　頭金：600万円
・返済期間：35年、金利：1.6％
・家賃収入：93,000円

諸経費の想定内訳（いずれも概算）
不動産取得税　15万円（取得時のみ）
購入時諸費用　100万円（購入時のみ）
固都税　7.5万円／年（35年で262万円）
合計377万円÷35年÷12カ月＝8,976円／月

収入		支出		収支
93,000円	−	合計86,654円 融資返済額　67,821円 集金代行手数料　2,557円 管理費　6,000円 修繕積立金　1,300円 諸経費（概算）　8,976円	＝	+6,346円／月

月々の収入	年間の収入	10年間の収入
6,346円	76,152円	761,520円

※対頭金での年利は1.2692％（年間収入÷頭金）

収支をこれくらいのプラスにしておくと、心理的にも安心できるというオーナーの方が多いようです。

○頭金があるとリスクを抑えられる

清掃費や内装費などの支払いに備えるためにも、できれば物件の購入時にある程度の頭金を入れて、月々の収支を数千〜数万円程度のプラスに維持しておくことを、私はおすすめしています。

そうすれば、**投資全体のリスクも低下しますし、物件の購入後に「放っておける」度合いも高まります。**

物件購入後は、必要な業務はすべて管理担当のパートナー会社に任せ、ときどき預金通帳を見ては収支のプラス分が毎月振り込まれているのを確認するだけ、という状態にできるのです（月々の収支がマイナスの場合、引き落としに備えて口座の金額を一定に保つよう注意する手間がかかります）。

実際にそうした形で物件を購入したお客さまに話を聞くと、**自分がマンションオーナーであると意識するのは、この通帳記帳のときだけだ**とおっしゃる方が少なくありません。

ある意味では、定期預金をしてときどきその金利を受け取るのと同じような状態です。違うのは、マンション投資での収入は毎月安定的に発生するということと、その金額が定期預金に比べてまさに「桁違い」だということ。

500万円の資金を10年で定期預金したとき、本書執筆時点での平均的な金利である0・002％では、年間で得られる利子はわずか79円です（税引き後／日本銀行金融機関局「預金種類別店頭表示金利の平均年利率について」２０２２年3月30日）。先ほど試算したさまざまなケースでのマンション投資の年間収入額とは比べものになりません。

一定の頭金を入れることで、家計に負担をかけるどころか、むしろ追加の収入を毎月手にしながら、老後の生活費の不足分を確実に補てんできる収入源を用意できます。

これまでの貯金などを通じて、すでにある程度の手持ち資金を確保している場合には、こうした形での購入を検討すれば、より大きな優位性を確保できるでしょう。

収支は購入後も調整できるから いま頭金が用意できなくても大丈夫

○物件は一期一会、買いどきを逃さないこと

前項で詳しく見たように、月々の収支は頭金の額や返済期間などによって調整できます。

そしてこうした**収支の調整は、購入時だけではなくいったん物件を購入したあとでも、繰り上げ返済を利用して自在に行える**ことを把握しておいてください。

この点を理解していれば、**現段階での資金不足を理由に、優良な物件を購入できる好機を逃がしてしまうことを防げる**からです。

不動産にはまったく同じ条件の物件は存在しません。また近年は、マンションの物件価格が年々上がっていく状況が続いています。

老後の不安を解消してくれる優良な物件に出会ったのに、頭金を用意できないからという理由で購入を見送ると、**お金が貯まったころには物件価格が上がっていたり、同じような条件の物件がなかったり、金融機関が融資条件を変更したり、あるいは病気で融資が受けられなくなったりして、購入の意志はあるのに結局購入できない事態に陥ってしまう**ことがあります。

物件購入のあとからでも収支を調整できることを知っていれば、こういう事態を避けられます。**いますぐには頭金を十分用意できない場合であっても、物件の購入を先行させておき、あとから繰り上げ返済で収支を調整する**方法がとれるのです。

たとえば次ページの図20は、物件の購入後に500万円の繰り上げ返済を行うことで、当初毎月1万2320円だった支出額を、毎月5215円の収入へと一変させられることを示した試算です。実際、私の会社でもこのような形で繰り上げ返済を行っているお客さまは、たくさんいらっしゃいます。

20 繰り上げ返済（内入れ）による収支改善モデル

以下の条件で試算：
・物件価格：2,780万円、頭金ナシ
・融資額：100%、金利：1.6%
・返済期間：35年
・家賃収入：93,000円

諸経費の想定内訳（いずれも概算）

不動産取得税	15万円（取得時のみ）
購入時諸費用	100万円（購入時のみ）
固都税	7.5万円／年（35年で262万円）

合計377万円÷35年÷12カ月＝8,976円／月

収入		支出		収支
93,000円	−	合計105,320円	＝	−12,320円／月
		融資返済額 86,487円		
		集金代行手数料 2,557円		
		管理費 6,000円		
		修繕積立金 1,300円		
		諸経費（概算） 8,976円		

5年後に繰り上げ返済：
・繰り上げ返済額：500万円
・繰り上げ返済時の残債額：2,466万円
・繰り上げ返済後の残債額：1,966万円
・残りの返済期間：30年

収入		支出		収支
93,000円	−	合計87,785円	＝	+5,215円／月
		融資返済額 68,952円		
		集金代行手数料 2,557円		
		管理費 6,000円		
		修繕積立金 1,300円		
		諸経費（概算） 8,976円		

月々の収入	年間の収入	10年間の収入
5,215円	62,580円	625,800円

いま手元にある資金の額ではなく、今後の貯金や退職金なども計算に入れて考えれば、購入できる物件の幅はグッと広がるはずです。

○返済期間の短縮も選べる

繰り上げ返済では月々の返済額を減らすのではなく、返済期間の短縮を選択することもできます。

物件を購入するとき、すでに40代や50代の中高年世代に入っている場合や、より高齢になってから物件の購入をする場合には、定年退職までの期間が返済期間より短くなるケースが多くなります。

そういう場合でも、物件は先に購入しておいて、月々の返済で少しずつローンを減らしていき、まとまった貯金ができたときや、退職金が出た段階などを選んで繰り上げ返済をすれば、返済期間の大幅な短縮を行うことが可能です。

ちなみに図20のケースで、月々の返済額を減らすことではなく返済期間を短縮することを選べば、返済期間を35年から27年9カ月へと、7年3カ月も短縮できます。

この方法であれば、家賃収入を丸々得られるようになるタイミングを定年に合わせることもできます。**現段階の年齢を考えて、気に入った物件の購入をためらう必要もない**と言えるでしょう。

「団体信用生命保険」で手厚い保障も同時に手にできる

万一のときでも家族に安心を

ここまでの説明で、投資用のマンションが老後の資金不足への対策として、非常に優れた投資先であることはわかっていただけたと思います。

しかし実はそれだけではありません。マンション投資には、結果的に伴う、もうひとつの非常に大きなメリットが存在しています。

それは、**万一の場合に備えた「生命保険」的な役割も期待できる**ということです。

どういうことか説明しましょう。マンションを購入する際の融資では、通常、**団体**

信用生命保険、いわゆる「**団信**」への加入が求められます。

住宅融資を利用して自宅を購入した経験がある方には、これだけでもピンとくるかもしれません。

団体信用生命保険は、万一、融資金の返済期間中に加入者が亡くなった場合に、金融機関に対するその時点での残債を、すべて保険会社が代わりに支払ってくれるという保険です。**たとえ何千万円、何億円と残債があっても、加入者が亡くなってしまったら、その時点でそれ以上は返済をしなくてもよくなります。あとに残された家族に残債が引き継がれるようなこともありません。**

物件の購入者にとっては大いに安心できる、大変助かる保険だと言えます。


ちなみに、株やＦＸ、仮想通貨などの投資では、原則として個人が投資のための資金を銀行から借りることはできませんから、当然、団信も利用できません。

また、もしカードローンや消費者金融で借金をして投資をしていた場合に、本人に万一のことがあると、相続人である遺族が相続放棄をしない限りは、相続人がその借金を返さなければならない義務を負います。

21　団体信用生命保険（団信）による保険効果

返済期間中に万一のことが起きた場合でも
家族に残債は引き継がれず、安心を贈れます。

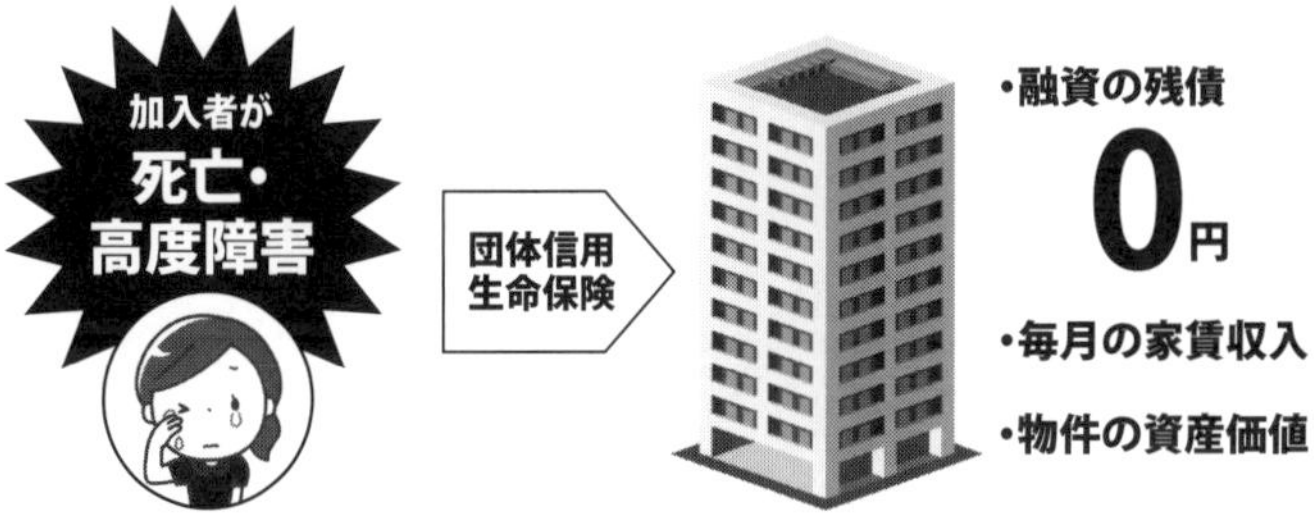

※高血圧や糖尿病になると、団体信用生命保険に加入できない場合があります
※融資活用時には、団体信用生命保険への加入が融資条件となる場合がほとんどです

一方のマンション投資であれば、たとえ何千万円、何億円と残債があっても、いざというときは団信で「帳消し」になるのですから、その有利さは際立っています。

○残債が0円になった収益物件を家族に遺《のこ》せる

加えて、マンション投資なら万一の場合に、団信によって残債がなくなった収益物件を、そのまま家族に遺せるというメリットもあります（図21参照）。

これは、家族にとっては非常に大きな資産となります。

団信によってその物件の残債はなくなっていますから、その翌月からは家賃収入がほぼ丸々、残された家族の手元に入るようになります（管理費や修繕積立金などの諸経費、租税公課はかかります）。

これは**生命保険の死亡保険金を、毎月少しずつ振り込まれる遺族年金形式で受け取るのと同じ効果を持ちます**。大黒柱を失った家族がその後の生活をしていくのに、毎月の家賃収入は欠かせないものとなるはずです。

加えて**もし将来、家族に一時的に大きな資金が必要な場面が出てきても、そのときには物件を売却することで、まとまったお金を手にできます**。

築年数によってしだいに減少していくとはいえ、物件それ自体に大きな価値があるからです。

このように、**マンション投資によって老後の生活費不足への対策を行うと、ほとんど自動的に、万一の場合の手厚い保障も手にできてしまいます**。

同等の保障を、通常の生命保険や年金保険の商品を使って手にするより、保険料もずっ

とお得なため、実はこうした生命保険的な効果のほうを主目的にマンション投資を始める方も多くいらっしゃるくらいなのです。

○「2人に1人はがんになる時代」……がん対策としても最適

保険会社の競争が激しいためか、最近の団信ではオーナーが亡くなってしまう場合以外にも、がんになった場合や、介護が必要になった場合などに、その後の返済を免除される商品が一般的になっています。

特に、所定のがんであることを宣告されると、ステージ1でもその後の返済が免除されることになっている「がん特約」の付いた団信、いわゆる「**がん団信**」には特筆すべきメリットがあります。

国立がん研究センターが発表している「がん登録・統計」（2019年）によれば、いま**日本人の2人に1人は、一生のうちに一度はがんになります**。より詳しく言えば、男性は65・5％が、女性は51・2％が一生に一度はがんを経験します。

そして、かつてはがんと言えば「確実に死に至る不治の病《やまい》」でしたが、現在では早期発見の技術や治療法が進化したために、実はがんと診断された方々のうち6割以上は、治療によって5年以上生存するようになっています。

発症部位にもよりますが、がんでは一般に5年以上生存した場合には、いわゆる「治った」状態（寛解《かんかい》した状態）にあるとされますから、**がんと宣告されても、6割以上の人は生還している**のです。現にテレビのCMなどでも、がんを克服した芸能人が、病気の体験談を話しているのをよく見かけるようになってきました。

そしてマンション投資でがん団信に入っていた場合、**所定のがんの宣告を受けた段階で、たとえそのがんがステージ1であっても、その後の返済は免除されます**。病気から生還した場合でも、その後の返済が復活するようなことはありません。

宣告後は返済がなくなるので、諸経費や租税公課以外は家賃収入を丸ごと手にできるようになります。たとえ病気でしばらく働けなくなっても、家賃収入を生活費にあてられるので安心できるでしょう。

さらに、幸運にもがんの初期段階で早期に発見でき、早いうちに治療ができれば、仕事を辞める必要もなく、その後の生活がぐっとラクになる可能性すらあります。**がんの早期発見に成功した場合**（ステージ0～1での発見の場合）、**実に9割以上の方は生還しているから**です（同じく、国立がん研究センターの「がん登録・統計」2019年による）。

残念ながら病に倒れた場合でも、前述したように家族に家賃収入を生む収益不動産を遺せますから、**自分の死後における家族の生活費のリスクもカバーできる**というわけです。

……2人に1人ががんになる時代には、まさにうってつけの「保険」と言えるのではないでしょうか？

◯保険料の見直しで家計への節約効果も

マンションへの投資が持つこうした生命保険的な働きを考慮すれば、**マンションの購入に際して、いま加入している生命保険の保障範囲を縮小したり、解約したりする**選択肢も考えられます。

それにより毎月支払っていた保険料を節約できますから、その部分で節約した資金をマンション投資の頭金にあてたり、繰り上げ返済にあてたりしているお客さまも多くいらっしゃいます。

通常の保険による保障を実際にどの程度にするのかは、みなさんの判断しだいではあります。しかし**現在、毎月何万円もの生命保険料を支払っているようなケースでは、保険料の支払いを見直すことで、マンションの購入に踏み切れる場合が多い**かもしれません。

ただし、マンション投資に付いてくる団信で、この生命保険的なメリットを享受するためにはひとつだけ条件がありますから、注意が必要です。それについてはのちほど、第5章で詳述することとしましょう（↓206ページ参照）。

マンション投資は相続税対策にもなる

○相続税の課税対象者になる可能性も

マンション投資のメリットとしては、このほかにも**遺産の相続時に、現金などに比べて相続税評価額を低く抑えられる**という点が挙げられます。

みなさんが亡くなったとき、一定以上の相続財産があれば**相続税**がかかります。

このとき、相続税のかからない範囲は「基礎控除額」の部分で、原則として3000万円+600万円×法定相続人の数という計算式で決まります。たとえば法定相続人が配偶者と子ども2人で3人なのであれば、3000万円+600万円×3＝4800万円が基礎控除額です。

この際に計算対象となる「相続財産」には、現金や預金はもちろん、株式などの金融資産、土地や建物などの不動産、美術品や車などの動産、各種の権利などの無形資産などまで幅広く含まれます。

そのため、**実はちょっとした資産を持っている人なら、多くの場合に当てはまってしまう**ことをまず認識しておきましょう。

◯現預金などと比べれば評価額が3～4割程度に

そして、相続時に行われる相続財産の計算の際、ワンルームマンションなどの**「人に貸している不動産」は、非常に優遇されている**という特長があるのです。

収益物件はそこに入居者が住んでいることが一般的です。日本の法律では、入居者は基本的に弱い立場の存在とされており、手厚い保護の規定がいくつも設けられています。

これを物件の所有者側の視点から見ると、「人に貸している不動産」は確かに自分の資産ではあるものの、必ずしも自分の自由にはできない、使用に制限のかかった状

22 マンション物件が相続税対策になる仕組み

① 土地の評価額は、一般的に国税庁が定める「路線価」に基づいて算出され、路線価の80％程度とされています。

② 建物の評価額は、一般的には固定資産税課税台帳に記載されている「固定資産税評価額」に基づいて算出されます。通常、建築費用の50％程度となります。

③ 保有する不動産を賃貸して運用することで、建物の約33％、土地の約20％が評価額から控除されます。

④ さらに土地は、被相続人の貸付事業用に使われている土地であることから、小規模宅地等の特例の貸付事業用宅地等に該当し、200㎡まで50％減額されます。

◎3,000万円のマンション物件でのイメージ

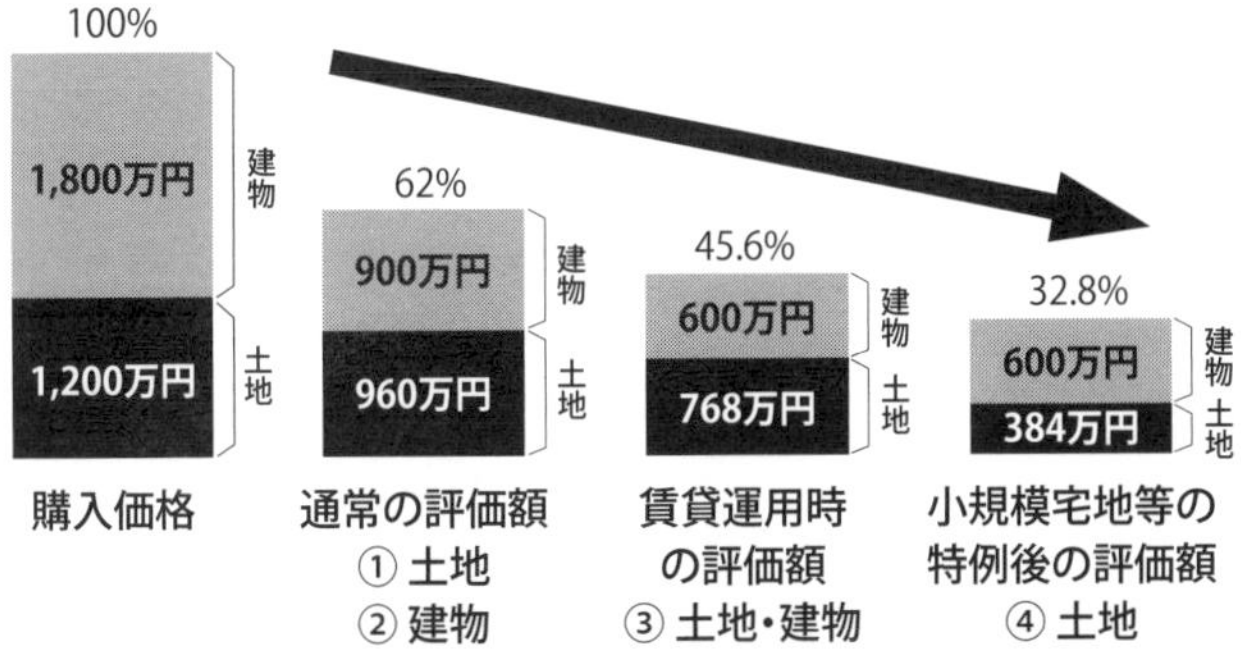

賃貸している不動産全体（土地＋建物）の課税評価額は、購入価格の３～４割程度にまで圧縮できます

※上記の金額はあくまで参考値であり、さまざまな条件により実際の課税評価額は変動します。実際の計算は最寄りの税務署にお問い合わせいただきご自身で行っていただくか、税理士にご相談ください。

態の資産ということになります。

相続税を計算するときのルールではこうした事情が考慮され、**他人に貸している不動産については大幅に評価額が引き下げられます**。

実際にどれくらい評価額が引き下げられるかは、細かい規定がたくさんあるためにケース・バイ・ケースですが、現金や株などの金融資産の評価額と比べると、**おおよそ3～4割程度の評価額に抑えられることが多い**とされています（前ページ・図22参照）。

これはあくまでも結果的に伴うメリットなのですが、ある程度、豊富な金融資産を持っている方では、こうした相続対策を主目的としてマンション投資を始める方がいらっしゃるのも事実です。

もう一度、老後を楽しみにしよう！

一度にたくさんのメリットを追求できる

いかがでしょうか？

この第2章では、なぜマンション投資が長引く老後リスクへの対策として「最善策」となるのか、その理由を詳しく解説してきました。

その内容を箇条書きでまとめると、次のようになります。マンション投資には多様なメリットが存在することが、改めて理解できるはずです。

① 投資対象が物理的にも長期間なくならない不動産であるため、長く安定的に家賃収入を生み続けてくれる。

② 不動産であるため、物件自体を担保にして銀行から融資を受けて、その資金で購入できる。そのため、自己資金が少なくてもすぐに投資を始められるし、レバレッジ効果が高く投資効率を何倍にも高められる。

③ 不動産であるため急激な値動きが少なく、細かい業務もパートナーの管理会社へと丸投げできるので、忙しい現役世代でも、投資の初心者でも投資しやすい。

④ 家賃収入はある程度大きな金額なので、老後の生活費の補てん分として十分アテにできる（1戸で最低限の生活、2戸でゆとりある悠々自適の生活を実現）。

⑤ 家賃収入を融資金の返済にあてることができるので、自己負担を最小限に抑えて、将来の安定的な収入源を着実に確保できる。

⑥ 頭金の増額や繰り上げ返済、返済期間の短縮・延長などによって、月々の収支を調整できる。収支をプラスにしておけば、その後は実質負担ナシで老後の安定的な収入源が確保できるし、収支を大きなプラスにしておけば、安定的な追加収入として現役時代の生活費の足しにすることも可能。

⑦ 購入時に融資を活用した際は、団体信用生命保険が付いてくるので、マンション投資を生命保険代わりとして行うこともできる。

⑧　がんにかかる人が多い現状では、がんを宣告された段階でその後の返済が免除される「がん団信」のメリットは特に大きい。発病後の収入を確保できるし、早期に治療が終わった場合にはマンションからの家賃収入を仕事での収入にプラスできる。
⑨　現金や預金などの金融資産で相続や贈与をすると、課税時に100％の評価額になるが、マンションの場合は時価の3分の1程度の評価額になることが多い。

何度も述べているように、まさに老後の資金不足対策のために生まれてきたような投資がマンション投資なのです。

○将来の不安がなくなるから、「いま」をもっと楽しめるようになる！

このほか、すでにマンション投資を実践している私の会社のお客さまに話を聞くと、**マンション投資を行うことで老後に対する漠然とした不安がなくなるため、余計な心配がなくなって、本業により一層集中できるようになる**というメリットを挙げる方が多くいらっしゃいます。

お金についての不安が解消されるために、**これまでは不安の種でしかなかった「長すぎる老後」が、いつか満喫したい「気ラクで楽しみなセカンドライフ」へとイメージチェンジする**といったメリットを挙げる方もいらっしゃいます。

ふだんから「将来、貧乏で暗い老後が待っているのかもしれない」と考えるのと、「定年したら、絶対にあれをしよう！　これもやりたい！」とワクワク前向きに老後を捉えるのでは、現役時代のマインドも大きく変わります。

何ごとにも積極的に挑戦できるようになり、**老後はもとより、老後までの「現在の人生」もより楽しめるようになる**のです。

読者のみなさんも、マンション投資によって老後リスクにしっかり対処し、再び**「ワクワク老後を楽しみにできる人生」**を取り戻してみてはいかがでしょうか？

第3章

最適な物件を選んで不安やリスクを遠ざけよう！

マンション投資のリスクを把握しておく

リスクのない投資は存在しない

前章では、「人生100年時代」の老後資金対策に最適の方法がマンション投資であることを説明しました。ただし、マンション投資であればなんでもいいかと言うと、そうではありません。

本書の冒頭でもお伝えしたように、私がおすすめするのは東京圏の新築や築浅中古のワンルームマンションへの投資です。逆に言うと、**この条件に当てはまらないマンション投資については、現状では、私はあまりおすすめできない**と考えています。

なぜなら、**マンション投資にも存在する投資上のリスクを、東京圏の新築や築浅中古のワンルームマンションだけが安定的に乗り越えられる**と思われるからです。

前にも述べたように、リターンがあるところには必ずリスクも存在します。マンション投資でもそれは同じ。まずはマンション投資に存在するリスクについて、ざっくりと確認していきましょう。

空室リスク

マンション投資における最大のリスク――それは、圧倒的に「空室リスク」です。

マンション投資では、購入した物件を人に貸して、家賃収入を得ることで収益を得ます。

ところが、せっかく購入した物件に入居者が付かなければ、この家賃が入ってきません。**入居者がいない間も融資金の返済や管理費・修繕積立金、税金などの支払いは発生しますから、入居者が付かない「空室」はマンション投資にとって最大の敵**なのです。

入居者の退去が発生した際、清掃やリフォームなどのために少しの間、空室が発生するのは避けられませんが、仮にその空室が長引くことになれば、収益どころか費用の持ち出しになる恐れさえあります。

これでは「老後の安心を予約する」どころの話ではなく、逆に大事な老後資金を食い潰すことになってしまいます。

不動産は購入後に空室リスクが高いことに気付いても、返品することは困難です。そのような事態に陥らないよう、マンション投資では最初の購入の段階で、あらかじめ空室リスクが低い物件を選ぶことが非常に重要になるのです。

なお、さまざまな対策をしても空室が長引いてしまう場合には、月々の家賃を下げざるをえなくなる「**家賃下落リスク**」も発生します。

ただし家賃の値下げは、空室が続かないような物件ではそもそもする必要がありませんから、**家賃下落リスクは空室リスクの一部**として考えれば、それでよいでしょう。

また、どうしても発生してしまう入居者退去時の短期間の空室が気になるようであれば、「**家賃保証契約**」を賃貸管理会社と結ぶことで心配は解消されます。

家賃保証契約とは、賃貸管理会社が空室期間についても家賃の支払いを一定程度まで保証するものです。

入居者リスク

自分の物件に入居した人が家賃を支払ってくれなかったり、周辺物件の住民とトラブルを起こしたり、あるいは入居に際してのルールを守ってくれなかったりするリスクもあります。こうした**「入居者に起因する問題」で、当初想定したような収益を得られなくなるリスク**を、まとめて「入居者リスク」と言います。

マンション投資では、こうした問題が発生したときにも原則、賃貸管理会社が対応をしてくれます。さらに賃貸管理会社は入居者の審査にもノウハウを持っていますので、そもそもトラブルを起こしそうな入居者は、契約している物件に住まわせないようにも努力してくれます。

そのためマンション投資では、物件のオーナーがこの入居者リスクの部分で面倒になることはあまりない、と考えていいでしょう（特殊な事例は除きます）。

ただしそのような状態をつくるためには、**最初の段階で、きちんとトラブル予防や問題解決ができるだけの実力を持った賃貸管理会社を選ばなければならない**と言えます。

孤独死・自殺・犯罪死リスク

入居者リスクに関連して、入居者が物件内で孤独死してしまったり、自殺をしてしまったり、犯罪に巻き込まれて亡くなってしまったりするリスクについても触れておきましょう。

これらの事態がいったん発生してしまうと、室内の状態をもう一度賃貸できるように原状回復するためには、リフォームや清掃、遺品の整理などが必要です。

これらに要する費用は本来、亡くなった入居者の相続人が負担すべきものですが、身寄りがなかったり、相続人に支払いの意思がなかったりすると、物件のオーナーが負担せざるをえないケースがあるのが現実です。

しかも、いわゆる「心理的瑕疵《かし》物件」になってしまいますから、次の入居者には前の入居者が室内等で亡くなったことを説明しなければなりません。早期の入居付けのために、一時的に家賃の減額に追い込まれることもあるでしょう。

できれば避けたい事態ですが、高齢で身寄りがない入居者における孤独死リスクを除けば、経験が豊富な賃貸管理会社でもこれらの事態の発生を入居時点で予測することは困難です。高齢ではない入居者も、長く住んでいればいずれ高齢者になります。

不動産を人に貸す以上、残念ながらこのリスクを完全に防ぐことはできません。

とはいえ、**これらの費用をカバーする不動産オーナー向けの保険も、年間数千円の保険料で販売されています**から、そうした保険に加入することである程度はリスクをカバーできます。また、そもそもそこまで頻繁に起こるようなことでもないからこそ、保険料が安く抑えられているのだと思います。このリスクについては、過度に心配する必要はないでしょう。

災害・火災リスク

地震や火山の噴火、津波などの大規模な自然災害で所有している物件が壊れてしまうリスクや、入居者の過失で物件に火災が発生してしまう「災害・火災リスク」も存在します。

災害大国である日本に住んでいる以上、これらのリスクから完全に逃れることはできませんが、ある程度は保険で対応することができます。

また物件を複数購入する場合なら、物件の立地場所を集中させないことで、リスクを緩和することもできるでしょう。

金利上昇リスク

融資を活用して物件を購入する際、現在は非常な低金利環境ですが、今後、日本の経済情勢回復が本格化した場合などには金利が上がる可能性があります。

その場合、**変動金利の契約で借りていれば、毎月の返済額が上がるリスクがあります**。これが「金利上昇リスク」です。

ただ、金融緩和政策により低金利の状態が続いている現在、短期間のうちに国内の金利が急上昇するような局面は、そうそう訪れないと思われます。

仮に金利が上がったとしても、融資を借り換えて固定金利型などに契約タイプを変更することが可能です。そのためこのリスクについても、それほど心配しなくてもいいのではないかと私は考えています。

流動性リスク

マンションは、将来なんらかの事情があって売ろうと思ったときでも、今日・明日で現金化することは困難です。

買い手を見つけ、最終的な入金を受けるまでには、どんな人気物件でも最低1カ月

～数カ月はかかります。人気がない物件であれば、買い手がなかなか付かず、売却までに1年以上かかるようなこともあります。

このように、**すぐに現金化できないリスク**のことを「流動性リスク」と言います。これは、すべての不動産に付きもののリスクと言っていいでしょう。

とはいえ、**最初から需要が高く人気のある物件を購入しておけば、売ろうとしたときに数カ月以内には現金化できる**わけで、リスクは限定的です。ここでも最初の物件選びが大切になるということです。

業者関連リスク

物件を購入する際の販売会社や、建物の清掃、維持・補修などを依頼する建物管理会社、さらには入居者や賃貸関連の業務を依頼する賃貸管理会社など、みなさんの**マンション投資に関係する会社が万一倒産してしまうと、それらの会社に預けていた資金が戻ってこなくなる**リスクがあります。これを「業者関連リスク」と言います。

このリスクへの対策は、信頼できて財務状態も良好な会社をパートナーとして選ぶこと。選び方については、別途第4章で詳述します（↓172ページ参照）。

◯決定的なリスクを見誤らないこと

このほかにも、物件の老朽化リスクなどマンション投資に関するさまざまなリスクを考えることができます。しかし、そうした**多様なリスクのなかでも、とにかく「空室リスク」への対策を考えることが、この投資では決定的に重要**です。

空室リスクが小さくなる物件を選べば、自然とその他のリスクも小さくなります。また空室リスクを抑えるための方策は、そのまま他のリスクをカバーするための方策にもなります。**最初の購入の段階で空室リスクが低い物件を選ぶことさえできれば、マンション投資のリスクのほとんどは、さほど心配する必要はない**のです。

ではどんな物件が空室リスクを避けてくれるのか？　この章ではそれを詳しく見ていきましょう。

なぜ東京圏なのか？　その①
——人口減少の影響がもっとも小さい

○人口ピラミッドの構成から明らか

マンション投資の最大のリスク、空室リスクを最小化するには、空室になりにくい物件を選ぶことが最大の対策となります。その選択を行う際の必須条件となるのが、**東京圏の物件を選ぶ**ことです。

第1の理由は、今後、人口が減少していくことが確実視されている日本において、**人口減少の悪影響をいちばん受けづらいのが東京圏の物件だから**です。

令和2年時点での日本全体の人口ピラミッドを示した、次ページの図23を確認して

23 日本全国の人口ピラミッド（令和２年）

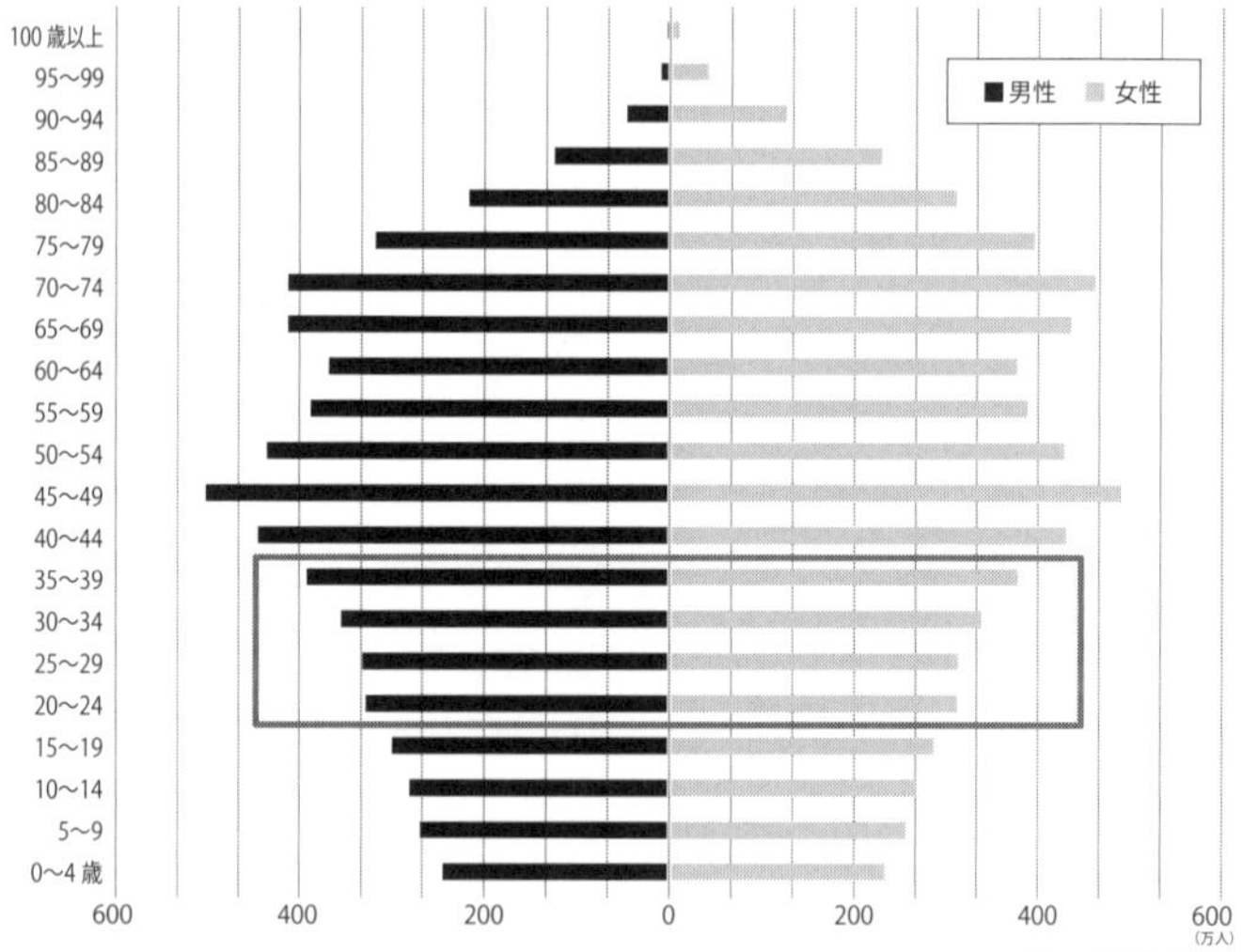

出典：総務省統計局

ください。

これを見ると、現在40代後半の団塊ジュニア世代が最後のピークとなって、それより若い世代は人口が急ピッチで減少していくことを改めて確認できます。

本書でおすすめするような**投資用ワンルームマンションに、賃貸で住む人たちは主に20～30代の若い人たち**です（図中の太枠内の部分）。

日本全体で見れば、今後、こうした人たちの人口は減っていきます。そのため、潜在的な入居者数の減少によって、アパートやマンションの需要が急減する危険性が

24 東京23区の人口ピラミッド（令和2年）

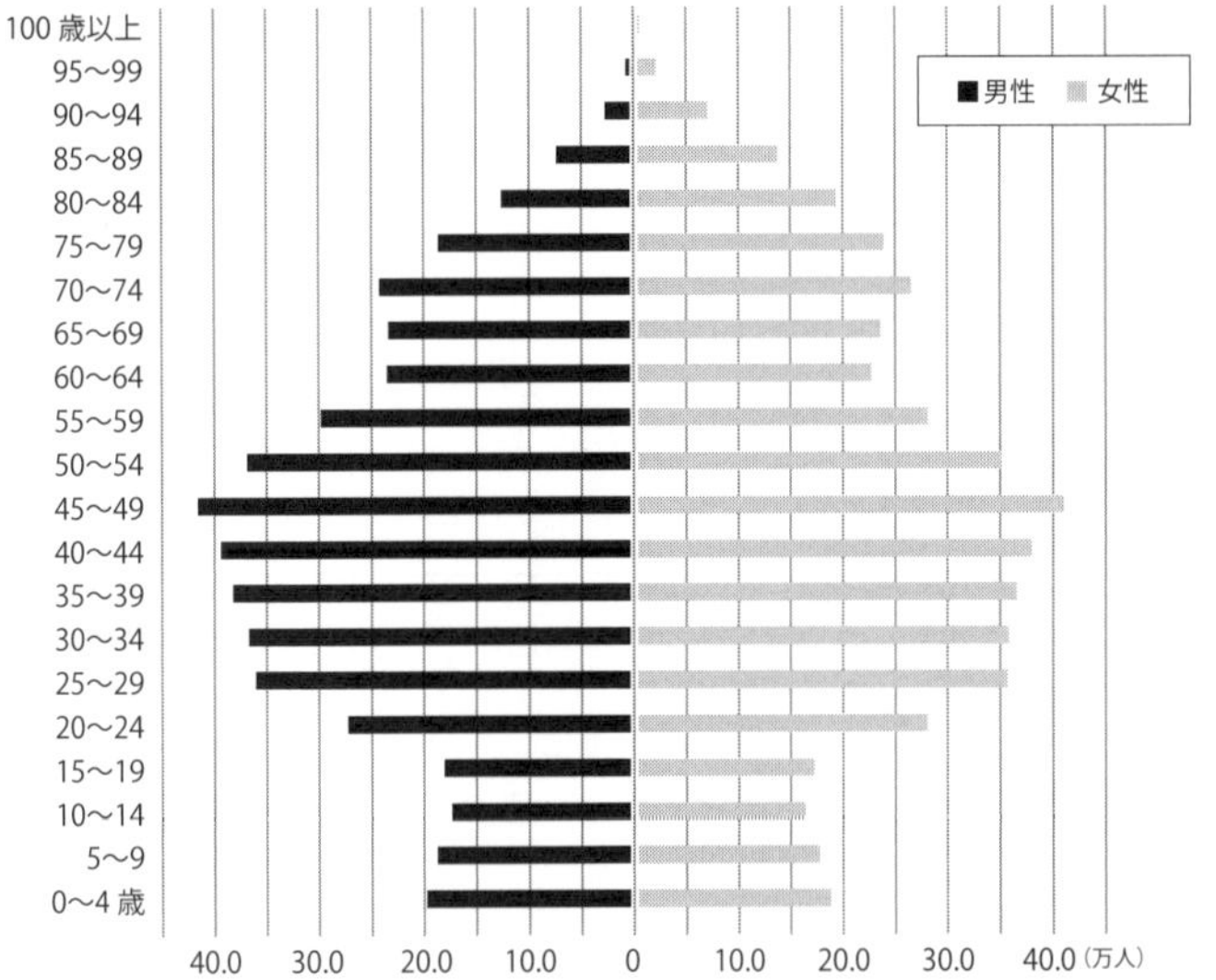

出典：東京都総務局統計部

存在します。当然、空室が増えて、家賃にも引き下げ圧力がかかってくるでしょう。

今後10年、20年と時間が経過したときには、この傾向はさらに顕著になっていくはずです。

しかし、**東京圏に関してだけはこの心配が無用**なのです。

たとえば図24は、図23と同時期の東京23区内だけの人口ピラミッドを示したものです。

これを見ると、**日本全国のそれに比べて、40歳よりも若い人が全体に占める割合が比較的大**

きいことがわかります。65歳以上の高齢者が全体に占める割合も、日本全国に比べて小さく、今後20～30年はその割合がさらに減少していきます。

加えて、全国では減少の一途をたどっている15歳より下の子どもの人口も、東京23区内ではむしろ増加傾向にあります。

こうしたデータから、**東京23区、引いては東京圏の都市部というのは、今後も長期間にわたって若者や働き盛りの世代が住む地域であり続け、賃貸用の不動産への需要も高いまま維持されると予想される**のです。東京圏であれば、今後の全国規模での人口の減少にもほとんど影響されずに、不動産への投資ができると言えるでしょう。

◯地方の都市圏では安心できない

人口減少に対する東京圏の強さは、別の視点からの分析でも確認できます。**転入や転出による人口移動**に関する視点です。

この視点での分析をすると、なぜ東京圏以外の都市圏、たとえば大阪圏や名古屋圏ではダメなのか、という理由もわかってきます。

一般に、**ある国で人口が減少すると、生活が便利で雇用の機会も集中している都市部に人口の集中が起こります。** 不便で仕事も少ない地方から、大きな都市へと人々が移動していくのです。

実際に日本でも、こうした動きはかなり前から起きていることが知られています。しかも、いったん都市部に移った人口は、さらに利便性の高い都市へ、より大きな都市へと移動を重ねていきます。

日本の場合、その移動の最終目的地は東京圏です。東京圏以上の都市圏は国内にはありません。そのため、**物件を買うのなら東京圏で買うのが合理的**だと考えられます。

これはデータによっても裏付けられます。たとえば次ページの図25は、総務省統計局が毎年発表する「住民基本台帳人口移動報告」から国交省が作成したものです。

このデータを見ると、国内の主要な都市圏である東京圏、名古屋圏、大阪圏の3つのうち、その年にそれぞれの圏外から転入してきた人が、圏外に転出した人よりも安

25　3大都市圏の転入超過数の推移（日本人移動者）1954〜2021年

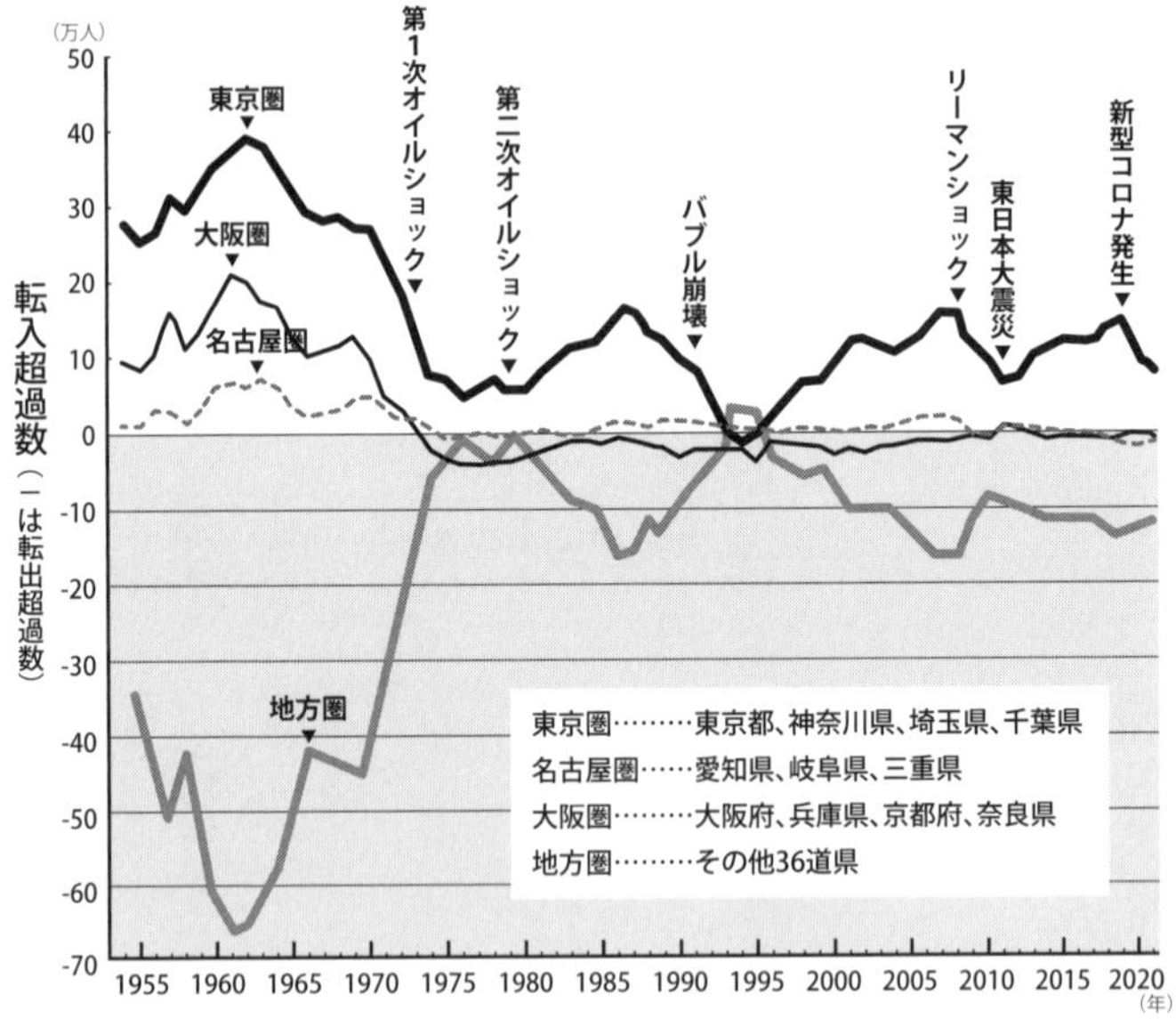

出典：総務省「住民基本台帳人口移動報告」より国交省作図

定して多いのは、東京圏だけであることが読み取れます。

直近ではコロナ禍によるテレワーク普及もありましたが、その影響は限定的で、全体的な流れを変えるまでには至っていません。

たとえ全体の人口が減少しても、東京圏には他の地域からの人口流入が常にあるので、人口減少のダメージが大きく緩和されることがよくわかるのではないでしょうか？

26 年齢層別の東京都への転入者数の推移 2010〜2019年

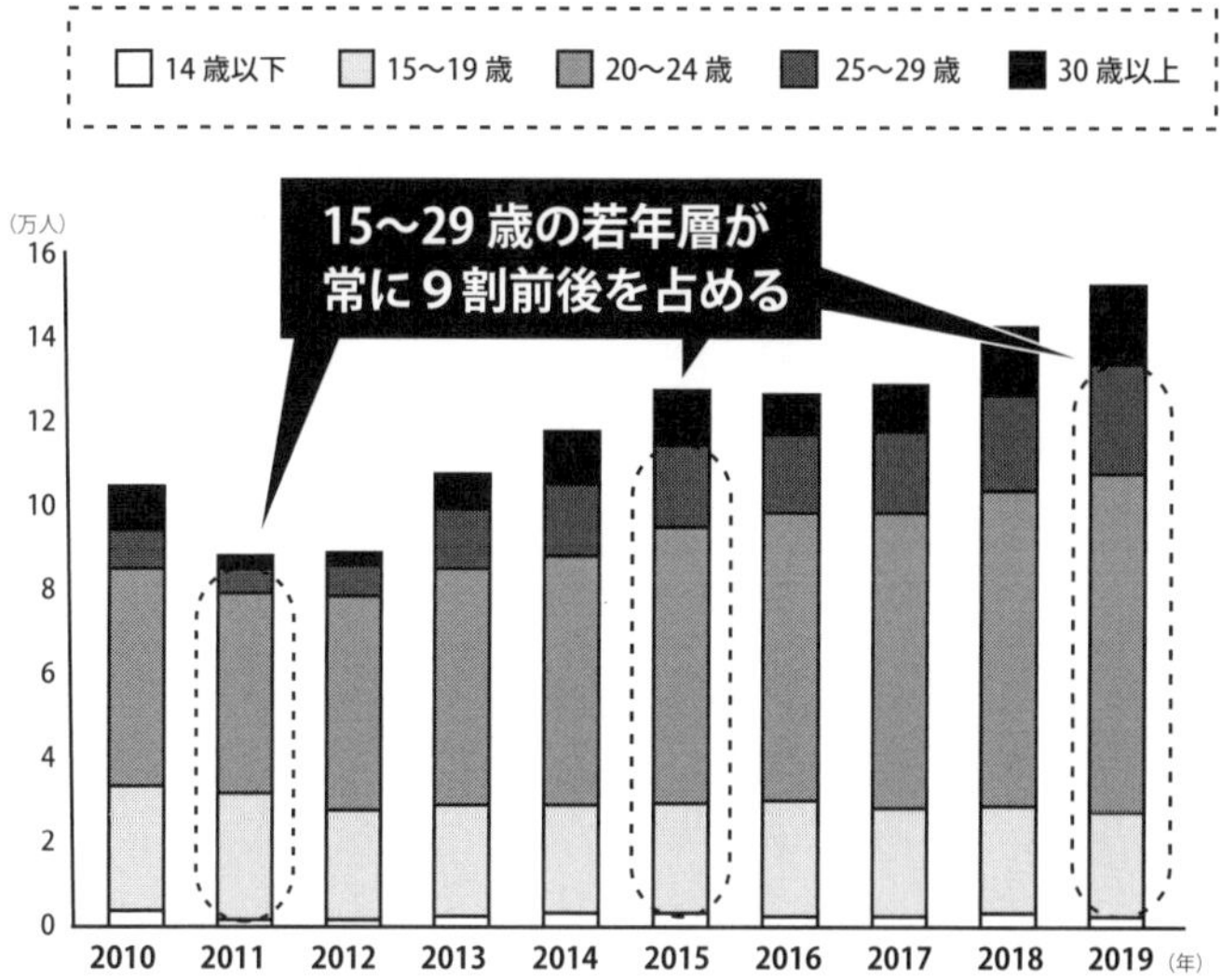

出典：総務省「住民基本台帳人口移動報告」より国交省作成・一部抜粋

逆に名古屋圏と大阪圏は、いずれもギリギリでの転出超過が長期間続いています。国全体の人口も減っていますから、東京圏への流出とダブルで人口が減っているのです。

過去40〜50年の長いスパンで見ても、この傾向はさほど変わっていません。

名古屋圏や大阪圏ですらこの状態ですから、東北や九州などのその他都市圏は、図でもわかるようにさらに強烈な人口流出に長く苦しめられています。

また、そうして東京圏に転入してくる人の多くは、大学への入学や就職などにからんで上京してくるケースが多いため、**若い人の割合が非常に大きい**こともポジティブな要素と言えます（前ページ・図26参照）。

コロナ禍の前には海外からの転入者も増加基調にありましたから、感染拡大の影響が落ち着けば、外国人の再流入も期待できます。

◯国の長期予想でも人口減少はない

さらに、国土交通省が取りまとめている「国土の長期展望」などのデータを見ても、**今後、全国的に人口が減少していくなかで、東京圏など限られた都市部へ人口集中が起きることが示唆されています**（図27参照）。

こちらのデータでは、2050年時点で人口が2010年時点より増加すると予想されるエリアを局所的に確認できますが、ある程度、人口増加が見込めるエリアが密集しているのを確認できるのは、東京圏をはじめとする都市部だけです。

27 2050年の人口増減状況の推計

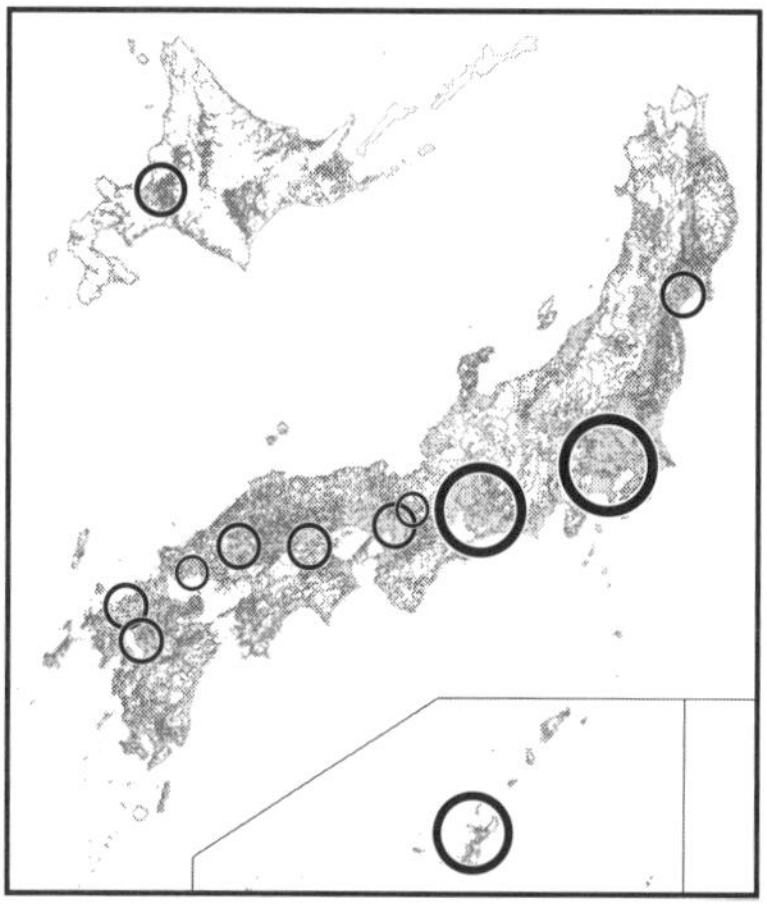

2050 年時点で 2010 年より人口が増加すると見られる地点はごくわずか！

出典：総務省「国勢調査報告」、国土交通省国土計画局推計値（メッシュ別将来人口）をもとに、国土交通省国土計画局が作成

日本全体の人口が減っても局所的に人口が増え続けると予想されており、さらに他の地域からの転入者によって人口の自然減を埋めることもできる東京圏——そこで物件を選ぶことが、空室リスクを低下させることにつながる、という現実をまずは認識するようにしましょう。

○常に予想を裏切ってきた

なお、日本の人口減少のペースは速すぎるので、たとえ他地域からの人口流入があっても東京圏の人口減少は避けられない。そのため、マンション投

28 東京都の人口の推移と予想（2000年当時の予想と2022年までの実績）

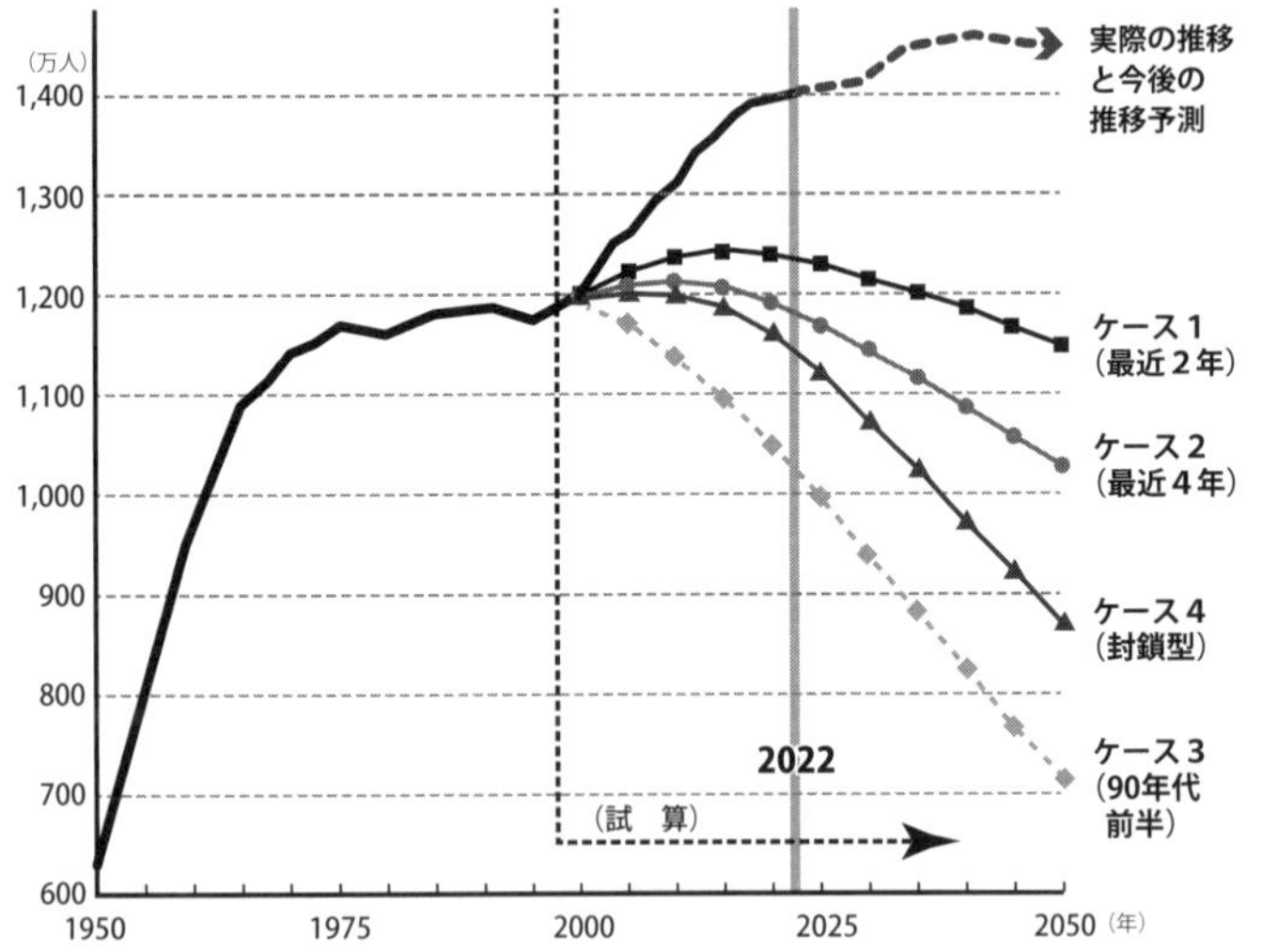

出典：東京都資料から作成

資などの不動産投資は、東京圏であっても今後はすすめられないとの意見を聞くこともあります。

実際に、そうした予想をする調査資料なども、いくつか存在しているようです。

しかし、実は**これまでの長い期間、東京圏の人口はそうした予想をことごとく覆《くつがえ》して増加し続けてきた過去があります。**図28はそれを示したものです。

1999年に東京都が、過去からの人口のトレンドから人口推計を行いました（図中のケース1〜4）。その推計では、4つのケースのうちいちばん人口が多く推計されている図中の「ケース1」において、東京都の人口のピークは2016年で、その時点での人口は1250万人程度だろうと予測されていました。

……しかし現実には、2022年になったいまでも、東京都の人口はまだまだ増え続けています。本書執筆時点での東京都の人口は、予想を大きく上回って1400万人を超えています。

こうした経緯を知ると、今後も東京圏の人口は増加していくのではないか、と期待できるのではないでしょうか？

もちろん、将来のことは完全には予想できませんから、今後は東京圏でも、多少は人口が減少する局面があるかもしれません。

しかしその場合であっても、**他地域から人を呼び寄せる力を持っている東京圏は、人口減少の悪影響が国内ではもっとも小さい地域であり続けます。**

長期的な視点で、もっとも空室リスクの低い立地を探していけば、自《おの》ずとそれが東京圏になることは間違いないのです。

なぜ東京圏なのか？　その②

——圧倒的な一極集中が家賃下落を防ぐ

◯東京圏は世界最大のメガシティ

東京圏の物件の背後には、他地域での物件よりも断然大きな潜在需要が存在しているというメリットも見逃せません。

実は東京を中心として埼玉や神奈川、千葉などにまで広がった都市圏、つまり**東京圏は、地球上に存在するなかで最大の「メガシティ」**でもあります。

２０１８年発表の国連のデータによれば、およそ３７４７万人がこの地域に居住しているとされますから、実に日本人のおよそ3人に1人は東京圏に住んでいます。それだけの人口が、わずか直径１００〜１２０キロメートル圏内に密集しているのです。

これはインド（人口約14億人・２０２２年）のデリーやムンバイ、中国（人口約14・5億人・

29 世界の「メガシティ」の比較

順位	都市	国	後背人口
1	**東京＝横浜**	**日本**	**約3,747万人**
2	デリー	インド	約2,851万人
3	上海	中国	約2,558万人
4	サンパウロ	ブラジル	約2,165万人
5	メキシコシティ	メキシコ	約2,158万人
6	カイロ	エジプト	約2,008万人
7	ムンバイ	インド	約1,998万人
8	北京	中国	約1,618万人
9	ダッカ	バングラデシュ	約1,958万人
10	大阪	日本	約1,928万人

出典：The United Nations *The World's Cities in 2018 Data Booklet*, 2018

2022年）の上海や北京などと比べても段違いの規模です（図29参照）。

おそらくは、高度に発達した公共交通機関のネットワークが、これだけの人口がひとつの地域に集中して暮らすことを可能にしているのでしょう。

そして**地域に住んでいる人の数が多ければ、物件への潜在的な入居者の数も多くなります**。それだけ空室リスクが低くなるわけで、こうした人口規模の大きさも、物件を買うのなら東京圏に買うべき理由となります。

ちなみに、大阪圏の人口は図29でおよそ1928万人、ランク外の名古屋圏の人口については、直近の国勢調査のデータでおよそ1130万人とされています。**東京圏は、大阪圏の約2倍、名古屋圏の約3倍の人口を抱えている**わけで、やはり、買うなら東京圏の物件です。

○実際の家賃の対比を見れば、この傾向はより鮮明になる

こうした事実を端的に表す例として、東京圏とそれ以外の都市圏のマンションで、時間が経過したときにどのように家賃が推移するのかを比較してみます。

図30は私の会社が2020～2022年にかけて東京圏で販売した投資用マンションについて、新築時の家賃を示したものです。間取りはSTUDIOタイプや1K、1DKで、図に示したように8万円弱～10・3万円程度の家賃を付けています。

この家賃が、時間が経ったときにどうなるでしょうか？

残念ながら、私の会社の販売物件ではまだ築20年を超えるような物件はありませんから、類似の他社物件で比較してみます。

間取りや広さ、最寄り駅などが類似していて、築後25～45年程度が経過している築

30 東京圏の新築マンションの家賃

スパシエ新板橋
（2021年６月販売）
新板橋駅：徒歩２分
板橋駅：徒歩６分
間取り：1DK（26.07㎡）

新築時家賃
10.30万円

クラリッサ新川崎
（2020年10月販売）
鹿島田駅：徒歩９分
間取り：1K（22.23㎡）

新築時家賃
8.30万円

クラリッサレーヴ阪東橋
（2022年３月販売）
阪東橋駅：徒歩４分
間取り：STUDIO（20.15㎡）

新築時家賃
7.95万円

31 東京圏の中古マンションの家賃

[redacted]ステーションサイド[redacted]
（1979年３月築）
調査時 築44年
板橋駅：徒歩１分
新板橋駅：徒歩４分
間取り：1K（28.00㎡）

現在の家賃
9.80万円

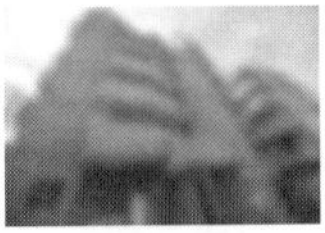

[redacted]新川崎
（1999年３月築）
調査時 築24年
鹿島田駅：徒歩８分
間取り：1K（27.06㎡）

現在の家賃
8.60万円

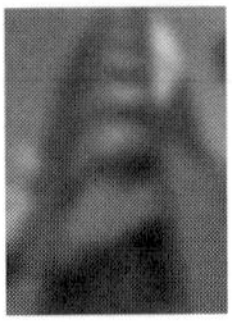

[redacted]横浜関内
（1992年11月築）
調査時 築30年
伊勢佐木長者町駅：徒歩８分
阪東橋駅：徒歩３分
間取り：ワンルーム（24.80㎡）

現在の家賃
7.50万円

※すべて「SUUMO」調べ、2022年10月時点

古物件の家賃を示したものが、同ページ下部の図31です。

これを見ると、**家賃の下落率が1割以下に抑えられている**ことがわかります（新築より家賃が高い例さえあります）。**東京圏のマンションの入居率を左右し、家賃の下落を抑える最大の要因が、「立地」である**ことがよくわかる比較です。

東京圏では入居者の多くが、入居するかしないかの最終的な判断を立地を基準にして行います。そのため、**たとえ築年数が増えようとも、物件の場所が変わらない以上は家賃も大きく変わらない**現状が見て取れるのです（もちろん、建物の管理や部屋の管理がしっかり行われている物件でないと、このような家賃はとれません。図に掲載した物件の周辺でも、管理の悪い物件や古い木造アパート等は、安い金額で貸し出しされています）。

ところが、これが地方都市になると大きく変わります。

同じく2021～2022年のあいだに大阪、名古屋、博多で供給された投資用マンションと、それぞれの新築時の家賃を示したのが図32です。これが30年ほど経つとどうなるでしょうか？

同じような間取りや広さ、最寄り駅などの条件で、築年数だけを変えた類似物件の

32 各地方都市の新築マンションの家賃

[redacted]大阪 STATION
（2022年９月販売）
大阪駅：徒歩10分
間取り：１K（22.80㎡）

新築時家賃
7.71万円

[redacted]レジデンス名駅[redacted]
（2021年９月販売）
名古屋駅：徒歩13分
間取り：１K（24.80㎡）

新築時家賃
7.90万円

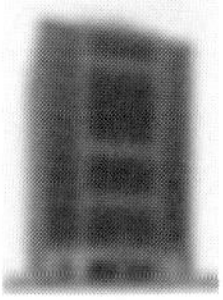

[redacted]博多駅南[redacted]
（2022年10月販売）
博多駅：徒歩15分
間取り：１K（24.28㎡）

新築時家賃
6.83万円

※すべて「SUUMO」調べ、2022年10月時点

33 各地方都市の中古マンションの家賃

[redacted]梅田
（1988年４月築）
調査時 築35年
大阪駅：徒歩７分
間取り：１K（21.60㎡）

現在の家賃
4.80万円

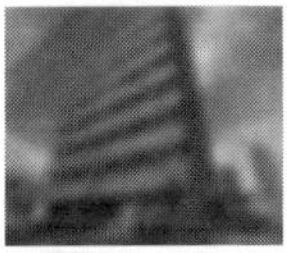

[redacted]名古屋
（1989年８月築）
調査時 築31年
名古屋駅：徒歩９分
間取り：１K（21.27㎡）

現在の家賃
4.50万円

[redacted]博多
（1991年３月築）
調査時 築32年
博多駅：徒歩15分
間取り：１K（25.31㎡）

現在の家賃
4.50万円

※すべて「SUUMO」調べ、2022年10月時点

家賃を調べてみると、前ページ下部の図33のように**おおむね3～4割程度は家賃が下落していることが見て取れます。**

地方都市では、物件への潜在的な入居者が東京圏に比べて少なく、かつ、宅地も多く常に新築物件が供給されているため、入居者が物件を選《え》り好《ごの》みします（マップサイトの航空写真を見れば一目瞭然で、地方都市は主要駅周辺でも空き地や木造住宅の密集地域が見受けられます）。

同じような条件ならば、築年数がより新しい物件に入りたがるのは人情ですから、**当然、築年数が古くなれば家賃も下がってしまうのです。**

地方都市のマンションにおけるこうした家賃の下落は、長期間の返済をして、さらにその後、最大35年におよぶかもしれない老後生活で家賃収入をアテにできるかどうかを考えたとき、極めて大きな不安要素となります。

当初の想定より家賃収入が減ってしまうことになるので、思惑どおりには豊かな老後生活を送れなくなる危険性もあります。こうした点を考えると、やはり東京圏の物件を選ぶほうがいい、という結論になるわけです。

なぜ東京圏なのか？　その③
——下支え要因には事欠かない

○経済活動の中心なので需要が減らない

東京圏の優位性については、ほかにいくらでも補完材料を挙げることができます。

まず、東京は日本の首都であるために、東京都内に本社を置いている大企業が多数存在します。上場企業だけで見ても2000社以上が都内に本社を置いており、この数は全上場企業の半数以上にのぼります（次ページ・図34参照）。

横浜などに本社を置く企業も多いですから、**東京圏は日本の経済活動の中心エリアになっているの**です。

企業の税金は原則として本社の所在地で徴収されますから、東京都など東京圏の自

34 上場企業の本社所在地

地域別	域内に本社を置く上場企業数	割合
北海道・東北	101社	2.60%
東京都	**2,033社**	**52.32%**
東京都以外の関東	**358社**	**9.21%**
中部・北陸	484社	12.45%
近畿	641社	16.50%
中国・四国	137社	3.53%
九州・沖縄	132社	3.40%
合計	3,886社	100.0%

出典：「上場企業サーチ」2022年10月6日のデータをもとに作成。小数第三位を四捨五入

東京都内に本社を置く上場企業は2,033社で、全上場企業の半数以上！

治体は、一般に税収も潤沢です。

東京について言えば、日本の税収のおよそ4割を単独で稼ぎ出し、行政府の年間予算の額もちょっとした先進国の政府予算額を上回ります。

GDPに関しても、**東京だけで全国のGDPの2割を稼ぎ出しています**（名目ベース／令和元年度）。

このように経済活動の中心になっていますから、東京圏で働くために集まってくる人がたくさんいるのです。日本のみならず外国からも多くの人が集まってきます。

賃貸マンションの入居者の多くは、こうした企業に勤めるビジネスパーソンの若手で

ある場合が多いので、それだけたくさんの潜在的入居者が集まっていると言えます。

同じく潜在的な入居者となる大学生・短大生・専門学校生も多い

また、ビジネスパーソンだけでなく大学生も東京圏に集まっています。

全国でおよそ291万人いる大学生のうち、4割以上の約117万人が東京圏に通学していると文部科学省の公開データが示しています（文部科学省「学校基本調査」2021年）。

最近ではキャンパスの都心回帰の動きもあるため、この集中傾向は長く維持されるでしょう。さらに短大生や専門学校生まで入れると、かなりの数になります。

大学生・短大生・専門学校生は、若手のビジネスパーソンと同じく賃貸マンションの主要な潜在的入居者ですから、東京圏であればこうした層の需要もアテにできます。

外国人による需要も期待できる

さらに、東京圏のマンションの潜在的入居者としては、外国人も期待できます。

35 東京都の総人口と在住外国人人口の推移

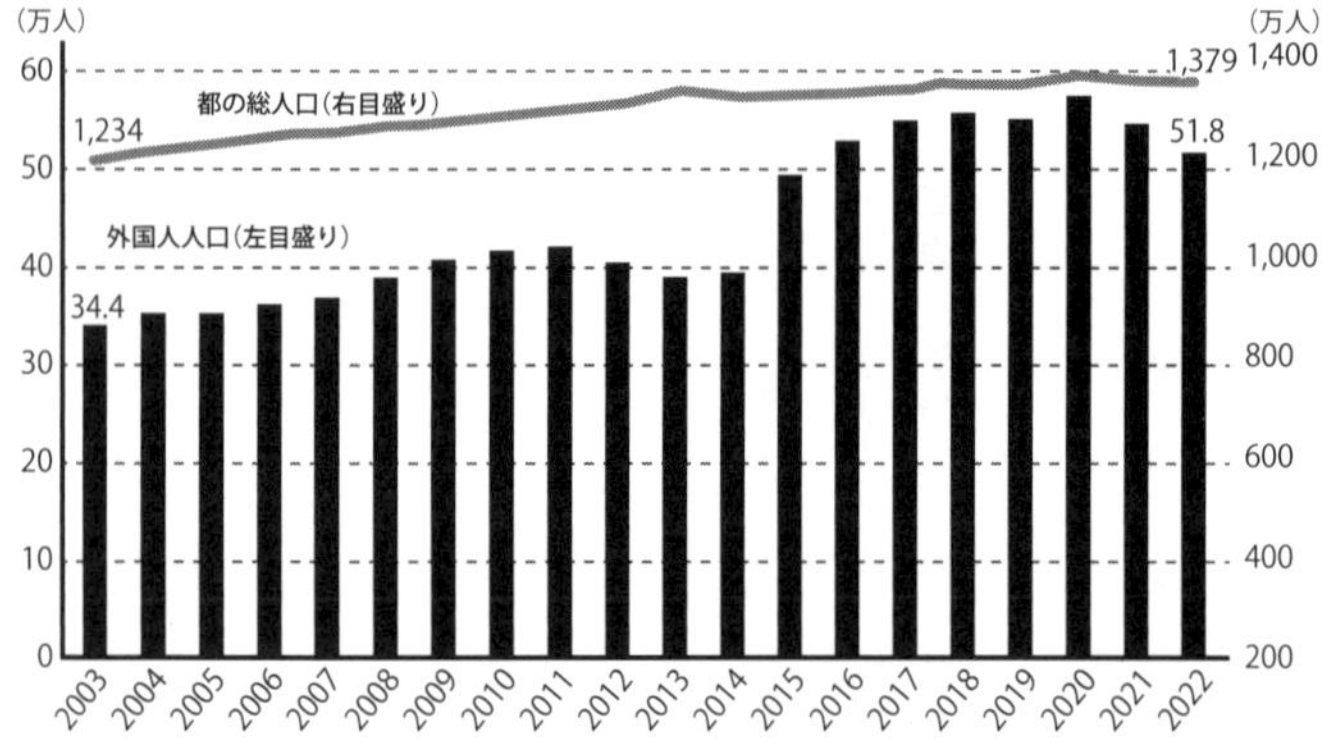

出典：東京都総務局「東京都の人口」
※各年1月1日現在の住民基本台帳による

図35は東京都の在住外国人人口の推移を示したものですが、東日本大震災とその後の原発事故、さらには最近のコロナ禍による一時的な急減期を除き、基本的には外国人人口は増え続けています。

しかも、その特徴は年齢が若いこと。

左の図36は、東京都内の在住外国人の年齢別構成を日本人を含む全体と比較したものですが、**20~40代にかけての学び盛り・働き盛りの年代の人が、在住外国人の大多数を占めていることがわかります。**

東京は外国人が働きやすく、住みやすく、外国からの投資もしやすい環境づくりを目指す「アジアヘッドクォーター特区」

36 東京都全体と都内在住外国人の年齢別構成比

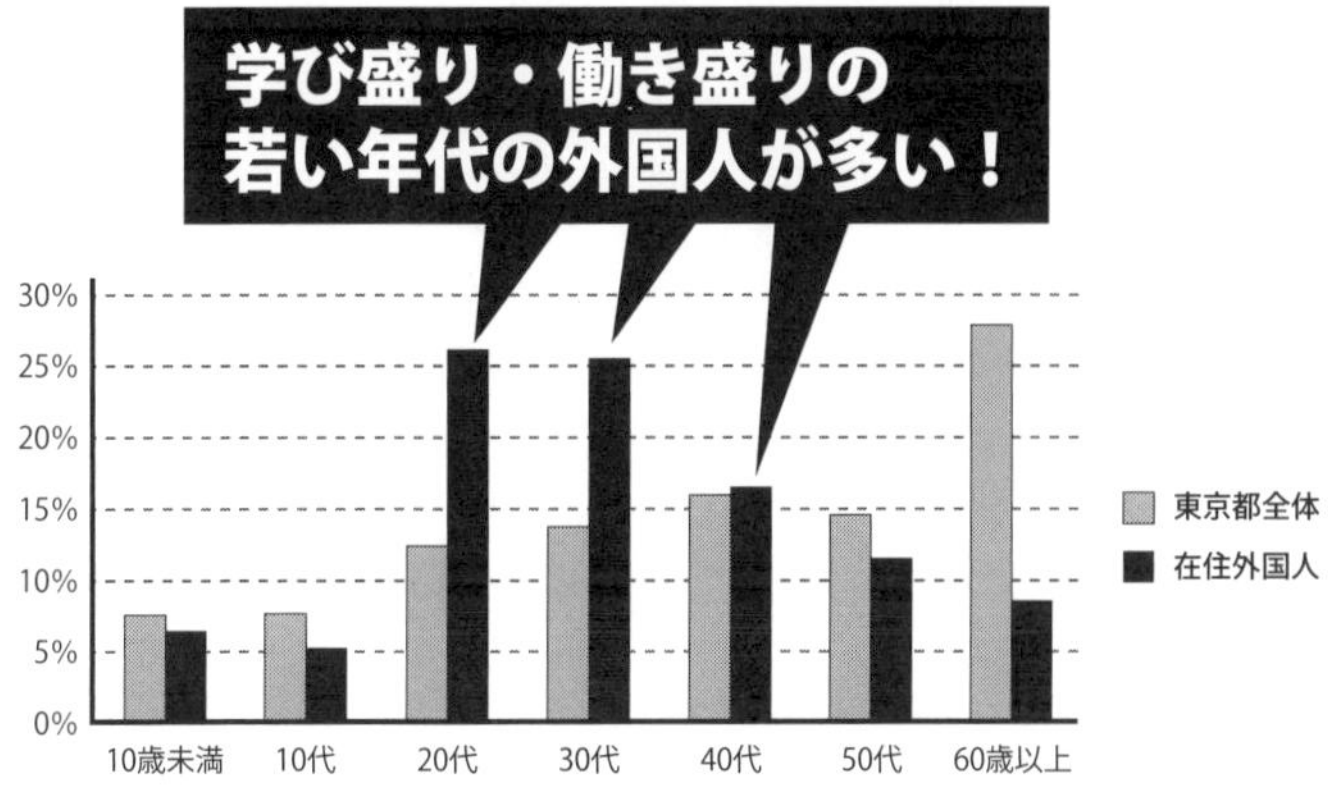

出典：出典：東京都総務局「住民基本台帳による東京都の世帯と人口」
※2022 年 1 月現在

に認定されているほか、アジアの成長国の主要都市が急速に発展しているなかで、相対的に低下した日本の都市の国際競争力を回復するための「**特定都市再生緊急整備地域**」にも指定されています。

足もとではコロナ禍の影響で一時的に減少していますが、パンデミックの沈静化とともに、再びこうした外国人ビジネスパーソンや留学生、その家族などの流入が増えてくるのは確実でしょう。

こうした優秀な外国人の方たちの一部は、賃貸マンションへと入居することになりますから、**日本人の人口減少による需要減を補ってくれる存在になる**ことが期待できるのです。

さらに言えば、こちらも直近ではパンデミックの影響でほぼ完全にストップしてしまった外国人観光客も、徐々に規制が緩和されていますので、数年もすれば再度増えてくるでしょう。

近年、日本は世界のなかでも人気の旅行先になっており、コロナ禍による特殊な状況が収まれば、以前のように外国人観光客数の記録を毎年塗り替えるような状況が復活することが予想され、そうした状況は賃貸マンションの需要にもプラスに働くはずです。

物件を外国人観光客に直接貸すことはありませんが、ウィークリーマンションやマンスリーマンションなどのサービスを提供する企業に貸すことはありえます。外国人観光客の増加は、そうした企業が借りようとする物件の数を増やすことになりますから、賃貸マンションへの需要を間接的に下支えすることになるのです。

こうしたさまざまな補完材料を考えても、**東京圏の賃貸物件が持つ優位性は国内では圧倒的と言えます。**

投資するのであれば、やはり東京圏の物件を選ぶのが理にかなっているでしょう。

なぜマンションがいいのか？
――アパートに吹く逆風もどこ吹く風

必要な条件を考えれば、アパートかマンションしか選択肢はない

不動産の投資対象にはマンション以外にも、アパートもあれば一戸建てもあり、駐車場、変わったところではコインランドリーやトランクルームなどもあります。これらの投資対象のなかで、私がマンションだけをおすすめするのにも理由があります。

まず、前述した団信による生命保険的な効果のメリットは非常に大きいため、**購入時に団信に入れる投資対象に絞ります。**

すると、駐車場やコインランドリー、トランクルームなどの購入時の融資には、通

常は団信を利用できないため、これらは対象から外れます。

次に、一戸建てに投資するのは資金効率が非常に悪いですし、一般的でもありませんからこれも除外します。

資産価値や耐用年数、管理コスト、修繕コスト等を考えても、これらの投資対象では老後の生活費として十分アテにできるだけの賃貸収入を長期間にわたって得られにくいという側面もあります。

◯アパート大家さんを取り巻くこれだけの危機

結果、アパートとマンションだけが残るのですが、**このうちのアパートへの投資には、最近になって強烈な逆風が吹き始めています。**

ここ十数年、特に地方では、地主などの資産家向けのアパート投資が大規模に展開されてきました。

土地を持っている地主は、そのままでは相続が発生した際に大きな相続税がかかる可能性があります。そこでその土地にアパートを建て、他人に貸してアパート経営をすると、賃貸用の不動産は相続時の課税評価額が低くなります。2015年に相続税法が改定されたこともあって、相続対策として多くの方がアパートを建てたのです。

また都市部においても、ここ十数年は駅から少し離れた立地に融資を利用してさまざまな特色を持ったアパートを建て、それによって家賃収入を得て老後資金対策にするという、私がここまでおすすめしてきたのとよく似たビジネスモデルでのアパート投資が盛んでした。

なお、駅から少し離れた立地を選んでいるのは、駅近では土地が高く物件価格が高額になりすぎるからでしょう。**アパートはマンションのように1戸ずつ購入することは通常できず、売るのも買うのも1棟単位が原則**だからです。

こうした事情があり、近年は日本全国でアパートの供給が急増していたのですが、数年前に急ブレーキがかかりました。

ひとつのきっかけは、**金融庁による注意喚起**です。

相続税対策や老後資金対策としてのアパート経営があまりに拡大し、需要をはるかに超える物件が市場に供給されてきました。アパート経営を地主や投資家に営業したのは、主にアパート建設会社だったのですが、彼らの多くはオーナーの都合はあまり考えていなかったと言われても仕方ないでしょう。継続的な入居が見込めず、どんなに空室リスクが高い地域であっても、将来のリスクはオーナーに押し付けて、アパート建設を持ちかけていたケースが少なくありませんでした。

資金を貸し出す銀行の側でも、本来はリスクをとって企業への融資を拡大しなければならないところ、失われた30年の間にそうした融資のノウハウが失われてしまい、アパート経営のためのアパートローンならば土地や建物を担保にできるということで、無鉄砲にアパート経営向けの融資を拡大してきたという事情があります。

結果、どうなったかと言うと、**ただでさえ人口が年々減少し、その減った人口も多くを東京圏に奪われていく地方で、おびただしい数のアパートが供給されることになったのです**。需要に対して供給が過剰な状態になり、入居率が大きく低下することになっています。

――入居者が付かず、空室が続けば、家賃を下げざるをえません。

そうなれば、多くの場合にオーナーの収支計算が狂います。家賃が入らなくても、融資金の返済や各種経費の支払いはしなければなりません。そのため、最終的には自己破産に追い込まれるような方も増えてきました。

金融庁はこうした状況を憂慮《ゆうりょ》して、2017年に、賃貸需要を無視したアパート建築が増えていて、それによって将来的な金融機関の貸し倒れリスクが増加する恐れがあると注意喚起をしたのです。

この注意喚起の結果、金融機関のアパートローンに対する姿勢は一気に厳しくなりました。それまでは簡単な審査で、ある意味「誰にでも」お金を貸していたのが、いきなり審査が厳しくなり、2018年には前年に比べてアパートローンの総額が大きく減少したことも報道されました。

今後、仮にアパート投資を行おうとする場合には、そもそも融資を受けられるかどうか、という問題が出てきたわけです。また仮に借りられたとしても、**これまでのアパートローンの拡大で市場が飽和した状態にあります**から、今後アパート経営で採算をとっていくのは簡単なことではないはずです。

こうしたアパート経営の苦境を象徴する事件として、2018年には都市部でシェアハウス型のアパート「かぼちゃの馬車」を建設し、投資家に老後資金対策として大々的に販売していたスマートデイズという会社が破産し、大きなニュースになりました。この事件に関しては、特定の地銀が繰り返していた不正融資も大問題となりました。

スマートデイズ社の物件を購入したオーナーは数百人にのぼりましたが、多くが数千万～1億円以上の残債を抱えて、一時は非常に厳しい状況に追い込まれました。

その後、金融庁による介入などもあり、問題の地銀による救済措置が実施されて、オーナーの多くは損害の一部を回復できましたが、無計画なアパート投資の危険性が浮き彫りになった事件だったと言えるでしょう。

「かぼちゃの馬車」の入居率は、平均で3～4割しかなかったのではないか、とも言われています。この事件では、オーナーをただ食い物にしようとした建設業者、空室リスクが高く採算がとれないことをわかっていながら、業績優先で資金を貸し続けた銀行、両者ともに厳しく批判されるべきだと思います。

○地方の人口減少の波をまともに受ける

アパート投資を取り巻くこうした逆風を考慮すれば、もはやそれだけで、アパートよりもマンションへの投資を選ぶべきでしょう。

私自身、過去の著書で、冷静に吟味すればアパートよりもマンションのほうが投資対象として優れていると、ずっと述べてきました。

先ほども説明したように、アパートは1棟単位での売買が原則です。東京圏の駅近など立地がよい場所には、そもそもなかなか建てることができませんし、まれにそうした立地で中古物件が出ても、1棟単位なので非常に高額で取引されます。一般の方は、なかなか手を出せません。

結果、どうしても地方や駅から離れた立地となるのですが、そうすると、**地方なら前述した人口減少の影響をもろに受けてしまいます。立地が悪い物件なら、将来、大幅な家賃の減額が避けられないと予想されます。**

いずれの場合でも、長期的な視点では収支が維持できなくなる恐れが大きい、と言えるのです。

○セキュリティや音の問題もある

また、最近では少しずつ改善された物件も増えてきていますが、**アパートではマンションに比べてセキュリティ設備が貧弱**で、オートロックや防犯カメラ、カラーモニター付きインターホンなどの設備は限られた物件にしか用意されていません。

マンションではこれらの設備はほぼ標準となっていますから、しだいに防犯意識が高まっている昨今の社会状況では、今後も入居者に長く支持されるのはマンションとなるはずです。

入居者の立場から考えれば、**アパートでは居留守はなかなか使えませんが、マンションでは簡単に居留守が使える**というメリットもあります。

さらに言えば、**アパートはその構造上、どうしても音の問題が発生しがち**です。

生活音が人に聞こえるのを気にする女性などは、音の問題でマンションを選ぶ人も増えています。

37 東京圏の世帯の種類別・世帯数の推移

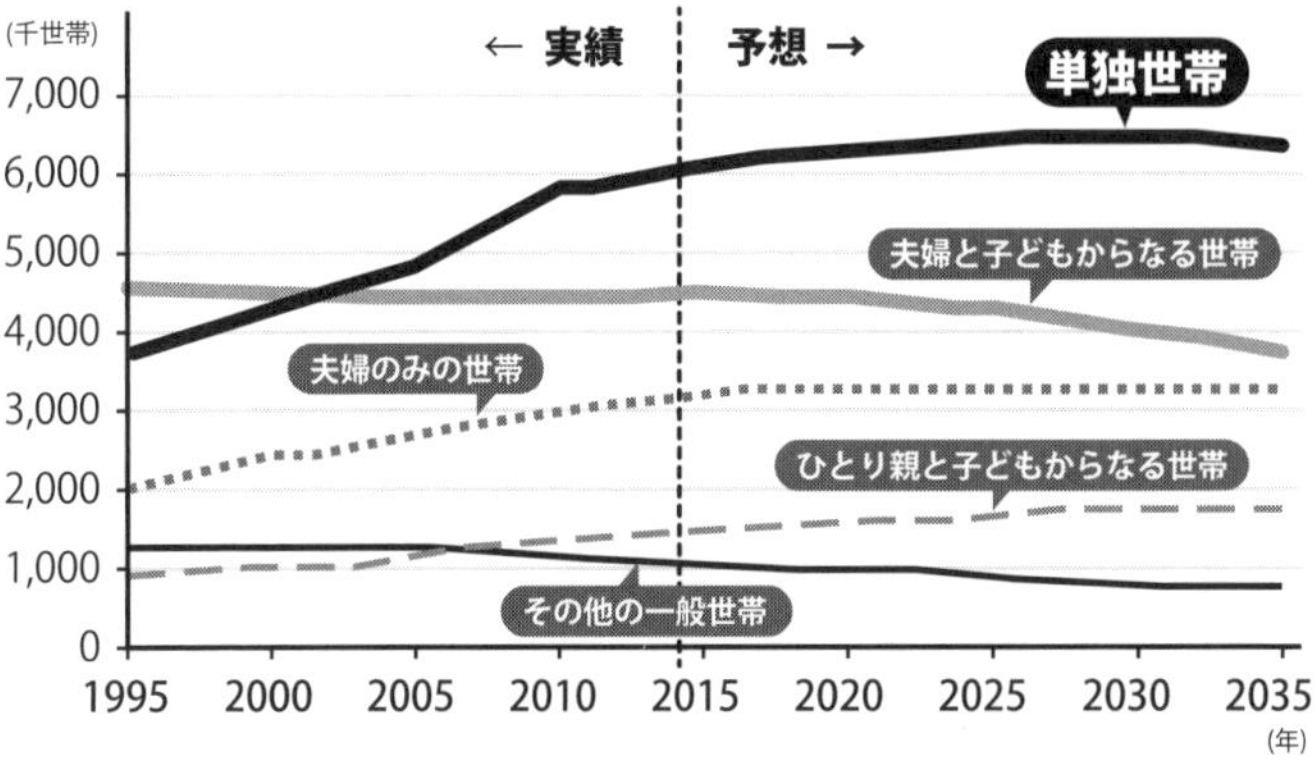

出所：国立人口問題・社会保障研究所、総務省「国勢調査」
※人口予測は出生（中位）死亡（中位）推計を使用。2010年度国勢調査の速報値に基づく。
ただし、2015年については2015年度国勢調査の速報値

総世帯数1,735万のうち、約42%の735万世帯が「単独世帯」であり、最大の割合を占める！

出所：総務省「令和2年（2020年）国勢調査」

○需給バランスも有利

このほか、各種の規制が強化されているため、**東京圏での投資用マンションの供給数は抑制されており、需給バランスの面でもアパートのような飽和状態にはなっていない点**もメリットと言えるでしょう。

むしろ、東京一極集中の影響や単独世帯の増加に比べて、供給が少なすぎる状態がずっと続いているほどです。

図37は、東京圏における種類

38 投資用マンション発売戸数の年次別推移表

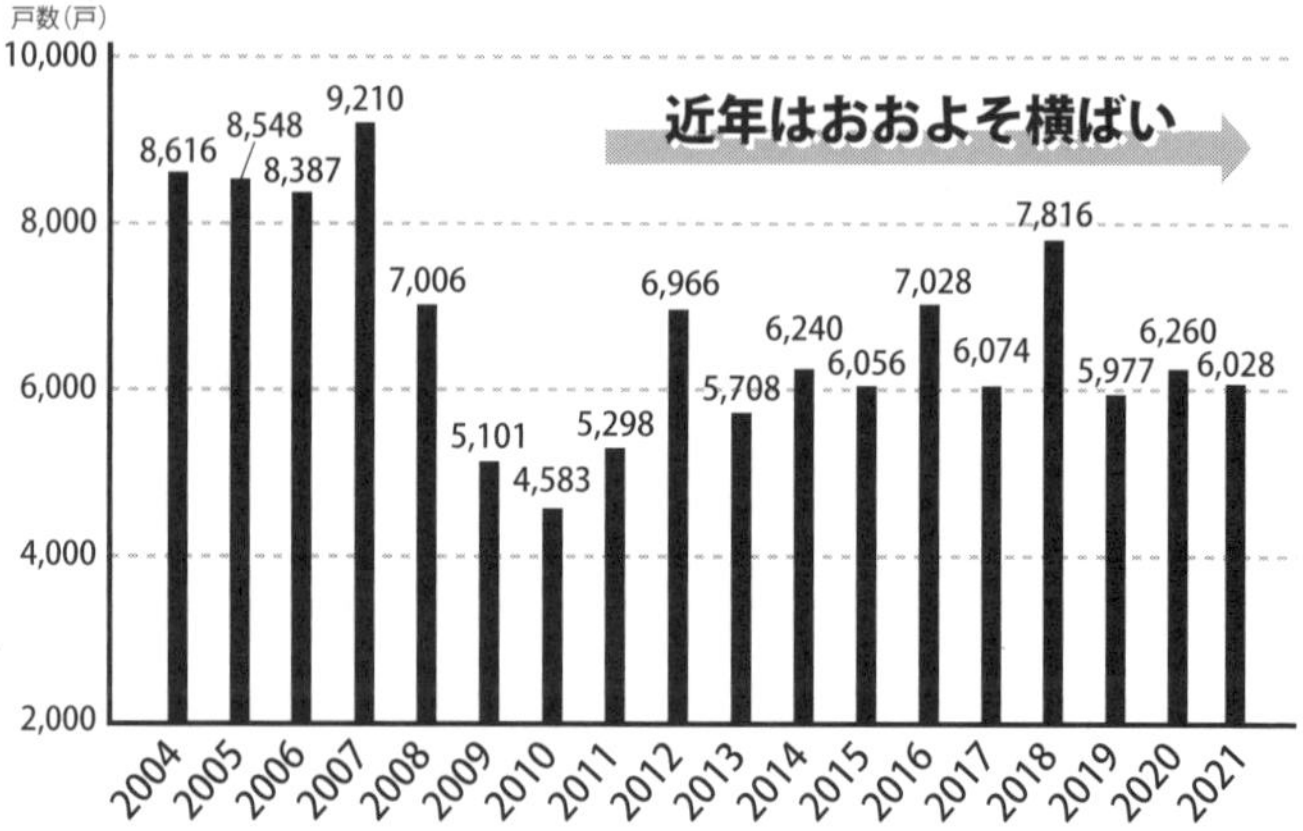

出所：不動産経済研究所「不動産経済　マンションデータ・ニュース」2022.8より一部を抜粋して引用
※2022年上期の１戸あたり平均専有面積：26.68㎡

別の世帯数の推移を示した図です。

これを見ると、**東京圏での総世帯のおよそ3分の1は投資用マンションの主な想定利用者である単独世帯であり、割合でも最大であることが**わかります。

しかも、今後しばらくはジリジリとその割合が増えていくと予想されています。

一方で図38は、東京圏での投資用マンションの供給戸数の推移を示したものですが、**過去十数年にわたって供給戸数が横ばいの状態にあること**が示されています。

投資用マンションの主要な利用者である単独世帯の数はジリジリと増え続けているのに、供給数についてはほとんど増えていないのですから、需給のバランスは引き締まっており、**家賃が下がりにくい状態が維持されている**と判断できるわけです。

○最近よく聞く「生産緑地解除」でも心配無用！

ちなみに、マンションの需給バランスに関しては、２０２２年以降の生産緑地の解除によって多くの農地が宅地化され、競合物件として出てくるために需給バランスが悪化するのではないか、と心配する方がときどきいらっしゃいます。

こちらに関しても、マンションは心配無用と断言してしまっていいでしょう。

そもそも生産緑地は農地です。都心部の駅前などの立地がよい場所にある生産緑地は、もともとごくわずかしかありません。むしろ、郊外の住宅地の近くなどに多く存在しています。

投資用マンションの適地にあるケースは少ないため、これによって需給バランスが大き

く崩れるようなことはありえないのです。

ただし、生産緑地の立地は、アパートの建設には適しているケースがそれなりにあるため、アパートの供給は一時的に増えてくる可能性があります。

ライバル物件が増えることで、ただでさえ供給過多の状態にあるアパートは、今後、空室リスクの上昇に見舞われる危険性があると私は考えています。

これらの要素を総合的に考えれば、空室リスクを抑えながら長期的な収支も計算できる投資対象は、マンションだけとなります。

なぜ新築や築浅中古がいいのか？ ――100年人生の心強いパートナー

仮に老後が長引いても問題ない

ここまでの説明で、東京圏に立地するマンションがそれ以外の収益物件よりも総合的に有利であることは確認できました。次は同じマンションでも、なぜ新築や築浅中古の物件がいいのかを確認していきます。

マンションには、居住用でも投資用でも、中古物件の市場が存在します。

すでに見たように家賃のほとんどが立地で決まるのであれば、築古の中古物件を買うほうが当初の投資資金を抑えられ、より高い利回りを得られるのではないかと考え

39 新築と中古の比較ポイント

新築		中古
2500〜3000万円程度	**金額**	2000〜2500万円程度
3.5% 前後	**実質利回り**	4% 前後
価格の 100%	**担保力**	築年数により変動 （築古だと担保力がない場合もある）
20〜27 ㎡	**広さ**	20 ㎡ 前後
最新 （システムキッチン・風呂トイレ別）	**設備**	古い （3点ユニットバスなど）
容易	**賃貸募集**	物件により 時間を要することも
長い	**耐用年数**	短い

ることもできます。

しかし、これはちょっとした「落とし穴」です。**老後の資金対策としてマンション投資を行うのであれば、築古の中古物件では当初の要求に応えられない**からです。

中古マンションの市場では、すでに10年とか20年、ときには30年と築年数が経っている物件も売りに出てきます。

これらの築古中古物件を購入すると仮定しましょう。

現在35歳で30年後に65歳で定年退職するとすれば、購入時に築10年であったマンションは、定年時に築年数40年になっています。

購入時に築20年であれば、定年時には築50年。

購入時に築30年であれば、定年時には築60年となります。

そのため、自らの購入時の年齢と老後の年数とを照らし合わせ、ふさわしい築年数の物件を選ばなければ、将来、必要なときに必要なだけの家賃収入を得られないことにもなりかねません。

マンションの建物自体は、すでに述べたようにかなり長期間利用できるとされていますので、大規模修繕や内装のリフォームなどをしっかりしてあれば、入居者がそこに住むこと自体はさほど問題なくできるはずです。

しかし、**すでに現時点でもかなり古い感じがするマンションの、さらに数十年後です。目論見《もくろみ》どおりの金額の家賃収入を得られるかどうかは、運頼みとなる部分が大きいでしょう。**

ちなみに、国内で最初に民間用のマンションが分譲されたのがおよそ70年前です。いわば「超築古」となったマンションの家賃が将来どうなるかは、誰にも正確な予想はできないのです。

いずれにせよ、「人生100年時代」の長い老後に備える、という本来の投資目的を考えれば、みなさんの投資対象となるべきマンションは、購入時点で新しい物件である必要があります。

融資金の返済期間とその後の老後期間を考えると、できれば新築か、築後数年程度までの築浅中古の物件を選ぶほうが合理的なのです。

○設備面での差が大きい

新築や築浅中古のマンションは、設備の面でも築古中古の物件を圧倒しています。

マンションの設備はこの十数年でかなり進化・高級化しており、ここ数年のうちに建築された物件では、ちょっとしたホテル並みの設備が付帯しているのが当然になってきています（150〜151ページ・図40参照）。

長年、不動産のプロとしてマンションを見てきた私の目にも、設備面に関してはほぼ上限に達したように見えます。

そのため、**現在の新築・築浅中古の物件にある設備と、築古中古の物件にある設備を比較すると、築古中古物件の設備が大きく見劣りする**のです。

ここまで設備面に差が生じると、東京圏のマンションの家賃がほとんど立地で決まるとは言っても、さすがに入居率に差が出ます。

特に時間が経過したときに、現状でも見劣りする設備の築古物件は、次々に供給される高レベルな設備の物件と、入居者を巡って競争しなければならない立場となります。設備で劣る部分を家賃の減額で補ったり、高額な費用をかけてリフォームすることで家賃を維持したりする状況に陥る危険性は、非常に高いのではないでしょうか？

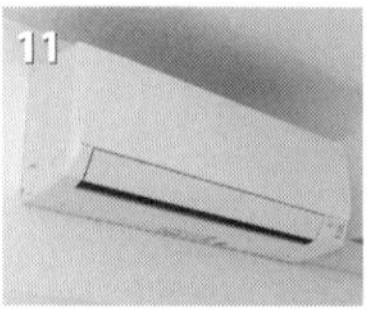

11 快適な生活には欠かせないエアコンを、標準で事前に設置済み

12 ひとり暮らしの自炊には十分な口数で、お掃除がラクな2口ホーローートップコンロ

13 好きなタイミングでいつでもゴミを捨てられる24時間対応ゴミ置き場

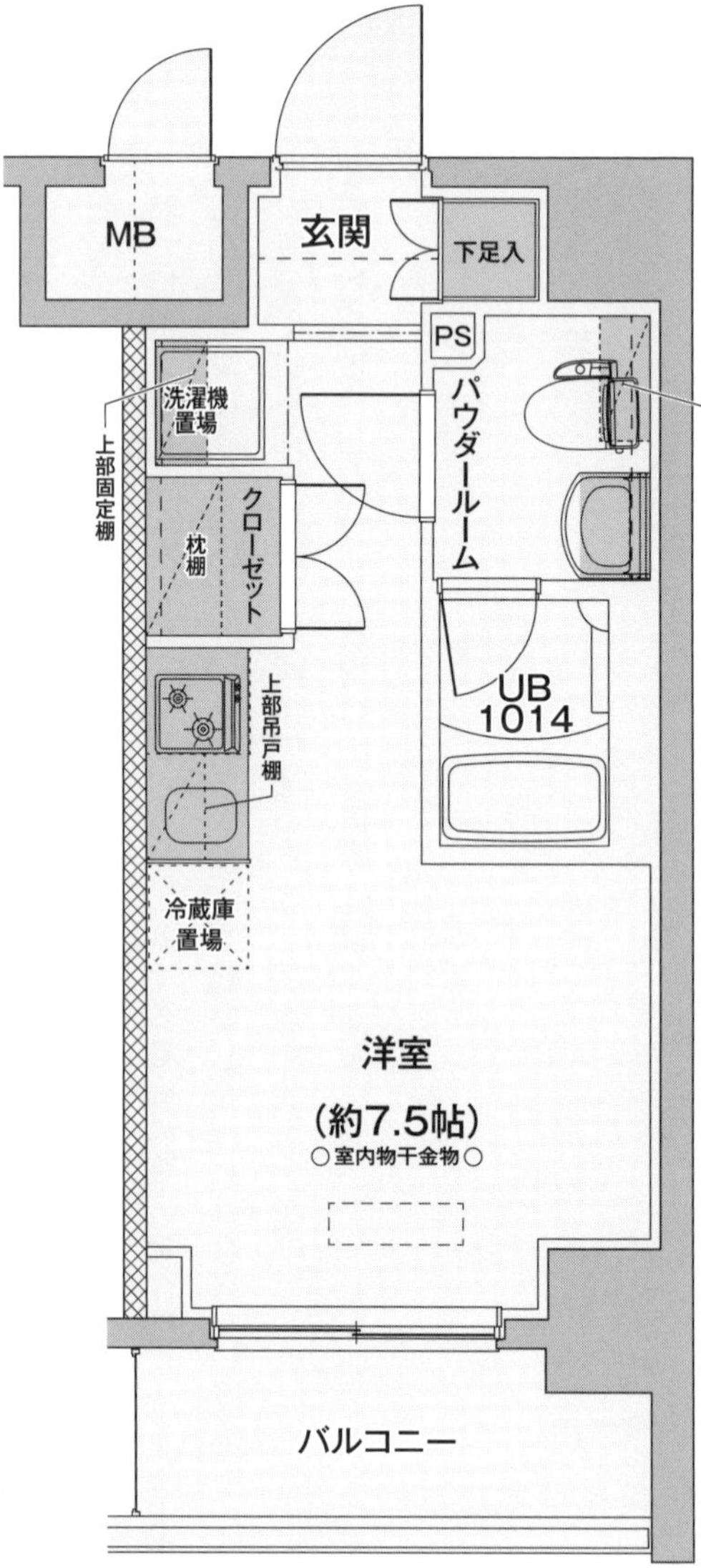

··· 収納スペース

※室内配置等はいくつかあるタイプのうちのひとつで、あくまで一例です

40 最近の新築マンションの設備や室内の例（当社事例）

※家具はイメージです

1 上質感のあるエントランスはオートロック完備／**2** ワンルームでも快適な住空間を実現／**3** 必要な収納スペースをしっかり確保（参考写真）／**4** キッチンにはシングルレバー混合水栓、ホーローキッチンパネル、耐震ラッチ付き吊り戸棚、整流板付きレンジフードなどを備え機能的

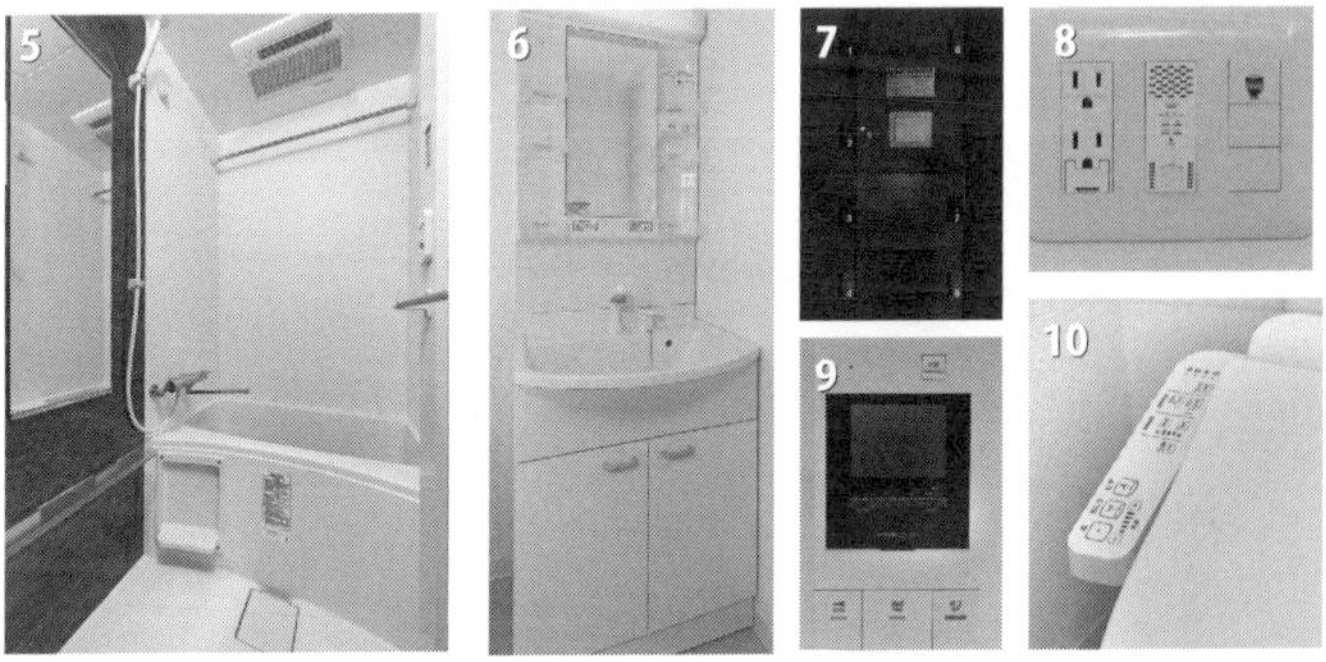

5 24時間換気機能付き浴室暖房乾燥機、イージードライフロア、フィットラインバス、サーモスタット式シャワー水栓などを備えたスタイリッシュな浴室／**6** パウダールームには、シングルレバーシャワー水栓や一体型ボウルを備えた洗面台も／**7** 宅配ボックス完備で不在時にも荷物が受け取れる／**8** マルチメディアコンセントには追加費用ナシで利用可能な室内Wi-Fi端末も標準装備／**9** カラーモニター付きハンズフリーインターホンを標準装備／**10** トイレには温水シャワー機能付きで節水仕様の便座

○セキュリティレベルも段違い

関連して、**新築や築浅中古の物件は、セキュリティ面や将来の拡張性などの面でも、段違いに有利になっていることを指摘しておきましょう。**

最近の物件では、将来の技術革新などに備えて、あらかじめ配管スペースや設備の設置方法などに工夫が凝《こ》らされています。将来、通信技術などが発展して、現在とは異なる配線を部屋まで引く必要が仮に生じても、少しの投資で対応できるように最初から設計されているのです。水回りなども、リフォームで取り替える可能性をあらかじめ想定したつくりになっています。

一方、**築何十年も経っているような物件では、こうした配慮はほとんどされていないのが一般的です。**

浴槽を変えようとしたら、構造体のコンクリートに直付《じか》けされていたとか、コンセント部分の通信設備がいまだに電話線しかないとか、いろいろな話を聞きます。そうした古い設備を変えようとしても、あらかじめリフォームや拡張を想定してつくられ

41 最近の新築マンションはセキュリティ面も万全（当社事例）

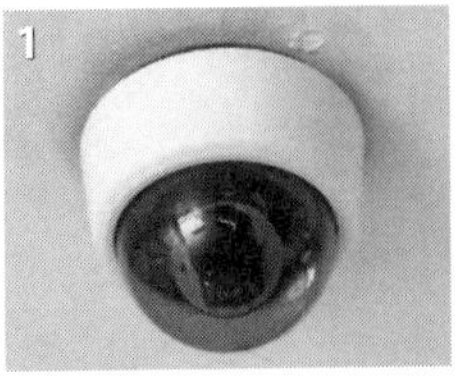

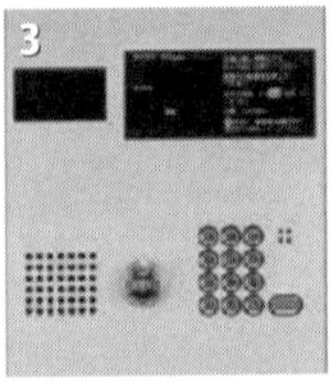

1 防犯カメラを複数設置
2 複製が非常に困難な可変タンブラーシリンダーリバーシブルキーを採用
3 エントランスのオートロックや各居室の防犯システムとも連動した集合玄関機があるため、望まない訪問者をシャットアウトできます
4 不在時の届け物を一時預かる宅配ボックスが設置してあるので、女性の方などで防犯上、対面での受け取りをしたくないときにも便利に利用できます

（※いずれも参考画像）

ていないので、そのたびに高額な費用がかかるのです。

特に問題になることが多いのがセキュリティ関連の設備です。

オートロックや不在時宅配受取ボックスといった設備は現在ではマンションに必須になっていると言っても過言ではありませんが、こうした設備は設置スペースがないと、あとから付けようとしても非常に高額な費用がかかります。

そうした費用がネックになって、設備の更新を実施できない中古マンションも多いのです。

新築や築浅中古の物件であれば、こうした心配は不要です。オートロックや不在時宅配受取ボックス、防犯カメラ、カラーモニター付きインターホンなどの設備が完備されているのがふつうですから、そうした面での競争力が大きく違うのです。

結果として、空室リスクを低下させることもできるでしょう。

コロナ禍以降は、宅配ボックスや置き配用の設備が非常に人気になっていることも考慮すべきです。

これらの点を総合的に考えれば、東京圏の新築や築浅中古のマンション、という条件が自然に導かれてくるわけです。

なぜワンルームがいいのか？
――手頃で、かつ高効率

○3LDKなどの広めのファミリータイプは資金効率が悪い

マンションにはさまざまな種類の間取りがありますが、大きく分けると単身者向けのワンルームタイプと、家族向けのファミリータイプの2つが存在します。

マンション投資をする際には、このうちのワンルームタイプを購入することが基本となります。

なぜ、ワンルームタイプを選ぶべきかと言うと、第1に、**ファミリータイプに比べて高効率の投資ができる**からです。

42 ワンルームタイプとファミリータイプの比較ポイント

ワンルーム		ファミリー
安い	**金額**	高い
20～27 ㎡	**広さ**	50～80 ㎡
1人	**1世帯**	3～5人
容易	**賃貸募集**	時間を要することも
平均2～4年程度	**賃貸期間**	長く借りていることが多い
オーナー負担少ない	**退去時のリフォーム代**	オーナー負担多い
ゆっくり	**設備の老朽化**	早い
安い	**固定費**	高い

当然ですが、ファミリータイプの物件はワンルームタイプの物件に比べ、面積が広い物件となるのが一般的です。その分、絶対額では高い家賃を付けることができます。

しかし、家賃を面積当たりで割って、一定の面積が稼いでくれる家賃を計算すると、一般にはワンルームタイプのほうがかなり高くなります。

より効率よく稼げるという意味では、ワンルームのほうが投資対象として優れているのです。

またファミリータイプでは、その広さゆえに入居者が出ていったときの改装費も高額になりがちです。**改装費は原則、物件の広さに比例して価格が決まる**ためです。

事前に入居者から預かっている敷金は、原状回復費用（清掃代）や入居者が故意に破損した箇所、喫煙で汚した壁紙などの交換費用以外は返却しなければなりません。結果として、改装費の高いファミリータイプでは、オーナーの負担する割合が大きくなるケースが多くなります。これは長期的な物件の収支に悪影響を与えますので、投資効率が悪化してしまいます。

一方のワンルームタイプでは、それほど大きな物件ではないので改装費もあまりかかりません。**現在、ワンルームタイプの物件であれば、改装費は10万円前後に収まることが多い**です。そのため、オーナーの負担があっても少額で収まるケースがよくあります。結果、物件の収支計画を狂わせることもなく、思惑どおりの投資を続けられることになります。

第2に、当然ですが物件の価格自体も、立地が同じならワンルームタイプのほうがファミリータイプよりも安くなります。

最初の時点での投資金額が不必要に高くなりすぎないので、より多くの人が手がけられますし、前述したような複数物件の取得も実現しやすいと言えます。

さらに第3の理由として、**ファミリータイプでは入居者の数が多くなるため、借り手が決まるまでに時間がかかりがちである**という点が挙げられます。

ワンルームタイプであれば、基本的には入居者本人の都合が合い、気に入れば入居が決まりますが、ファミリータイプでは家族の誰かが物件について気に入らなかったり、もしくは通勤・通学等の条件が合わなかったりする確率が高くなるので、入居がなかなか決定しません。

入居者が見つかるまでの時間がより長くかかるということは、即《すなわ》ち「空室率が高くなる」ということですから、マンション投資では極力避けるべき要素となります。

このようなさまざまな理由があるため、マンション投資ではワンルームタイプの物件を選ぶのが基本となるのです。

◯東京圏では単独世帯がどんどん増えている

そしてこの選択は、東京圏の世帯の状況から見ても合理的な選択となります。

１４１ページの図37でも示したように、物件の立地として狙うべき東京圏では、近年、核家族化や晩婚化、離婚率の上昇、高齢者のひとり暮らし世帯の増加などの理由によって、全世帯に占める単独世帯の割合が増加しています。たとえば東京都の調査によれば、**２０３５年には都内の世帯のほぼ半数は単独世帯になる**とされているのです（東京都「２０６０年までの東京の人口・世帯数予測について」２０２１年）。

ワンルームタイプのマンションは、こうした単独世帯の居住に適した物件ですから、将来的なニーズが増える物件です。

逆に言えばファミリータイプの物件は、潜在的入居者が年々減っていくわけで、やはりファミリータイプよりはワンルームタイプというのが原則となります。

設備やデザインは「ほどほど」「無難」がいちばんいい！

個性がありすぎる物件は入居者を選んでしまう

市場に出ている物件のなかには、豪華な設備や斬新なデザインを売りにしている物件もあります。しかし**老後資金対策での投資であれば、こうした物件を選ぶのも避けたほうがよい**でしょう。

一時期はよく耳にした「デザイナーズマンション」も、最近では耳にしなくなりました。デザインや豪華な設備での差別化は、確かに一時的には入居率を上げるのに効果があるかもしれません。しかしマンション投資は、非常に長期間にわたって家賃収入を得ることを目的とする投資です。いま現在流行しているデザインが、数十年後にも同じように流行しているとは限りません。

20～30年前の平成初期に流行していたデザインのほとんどが、現在ではもう時代遅れになってしまっているのと同様、いまから20～30年経ったころには、現在は受けているデザインも恐らくは時代遅れな印象を与えるものになっているはずです。

時代遅れになったデザインは、内装であればオーナー1人の意志でリフォームをして変えることもできますが、そのための費用は追加でかかることになります。

しかしこれが共用部や外壁となると、オーナー1人の意志ではリフォームもできず、管理組合の承認が必要となります。費用も高額となるため、ほぼ不可能です。

余計な費用の発生を避け、また共用部や外壁等のデザインが時代遅れになるのを避けるためにも、物件のデザインは無難で標準的なものにしておくのが賢明でしょう。

○豪華設備は長期的な収支を悪化させる

また、豪華な設備も一時的にはよいのですが、**設備が豪華であればあるほど、機器**

の修繕に大きな費用がかかることを忘れてはなりません。

入居者が入れ替わる際の改装費なども、標準より高額になることが多いと思われるため、長期的に見れば徐々に物件の収支を悪化させることになります。

老後資金対策としての投資、という本来の目的に立ち返って考えれば、奇抜なデザインや豪華すぎる設備は、むしろ避けるべきものになるのです。

投資用マンションは他人に貸す物件であり、オーナーが自ら住むための物件ではありません。この原点を忘れず、設備やデザインについては「ほどほど」「無難」がいちばんであることを意識するようにしましょう。

すでに述べたように、現在では標準的な物件の設備であっても、十分すぎるほど入居者のニーズを満たしてくれます。デザインについてもよい物件が多いです。

そこに必要以上にオーナーのこだわりを加えることは、むしろ空室リスクを上げてしまう危険性があるのだと心がけておきましょう。

第4章

どんなパートナーを選ぶかでマンション投資の成否は左右される！

ワンストップ型で実力のあるパートナーを選ぶこと

前章では、マンション投資の最大の問題となる「空室リスク」を低くできる物件の選び方について詳しく解説しました。

しかし実は、空室リスクを大きく引き下げ、さらにマンション投資自体の成否を左右することになる非常に大きな要因がもうひとつあります。

それは、**マンション投資のパートナーとしてどんな会社を選ぶか**です。

大きく分けて5種類の業者が関わる

マンション投資にはさまざまな業者が関わります。大きく分けると、次の5種類の業者が関係します。

①マンション開発会社（マンションデベロッパー）
②マンション販売会社
③賃貸管理会社
④建物管理会社
⑤賃貸仲介会社

それぞれ簡単に解説しておきましょう。

①マンション開発会社（マンションデベロッパー）

マンション建設に適した立地を探し、開発用地を仕入れてそこにマンションを建設・供給する会社がマンション開発会社です。一般的には「マンションデベロッパー」と呼ばれています。大手の不動産会社の一部門が手がけていることもありますし、マンションを専門に開発している会社もあります。

② マンション販売会社

マンション開発会社が建てた物件を、一般向けに販売する会社がマンション販売会社です。

当然、マンション開発会社が販売会社を兼ねることが多いのですが、開発会社から物件を仕入れて、販売だけを行う会社も多く存在します。

③ 賃貸管理会社

オーナーが購入したマンションを賃貸経営するには、入居者を探したり、入居者の審査をしたりする必要があります。また入居者が決まれば、その家賃支払いへの対応や、期日どおりに家賃を支払ってもらえない場合の督促《とくそく》なども必要です。入居者からのさまざまな問い合わせにも対応しなければなりません。

賃貸経営に関するこうした面倒な業務を、オーナーに代わって行うのが賃貸管理会社です。

④　建物管理会社

マンションの共用部分に関する日常の維持・管理・清掃などの業務、建物・設備の定期的な管理、修繕計画の作成と実行などを請け負《う》うのが建物管理会社です。マンション開発会社（マンションデベロッパー）の一部門や子会社が行っていることも多いです。

⑤　賃貸仲介会社

最後の賃貸仲介会社は、賃貸物件を探している入居希望者を、③の賃貸管理会社やオーナーに紹介してくれる存在です。

入居希望者へのアクセスを確保するため、駅前や繁華街などに路面店を構えているケースが多いのが特徴です。みなさんにもおなじみのミニミニやエイブル、アパマンショップなどの大手業者もあれば、地元の小さな不動産会社が行っている場合もあります。

○空室リスクを低下させるための2本柱のひとつ

このようにマンション投資には実にさまざまな会社が関係していますが、このなかで**オーナーにとって特に重要な存在となるのは、③の賃貸管理会社**です。しっかりした賃貸管理会社に依頼することができれば、それだけで空室リスクを下げることができるからです。

たとえば、同じマンション内にある同じような間取りの物件でも、オーナーが契約している賃貸管理会社が違うと、片方の物件は常に満室なのに、もう片方の物件は空室が続くといったケースがよくあります。こうした差ができるのは、賃貸管理会社の実力が違うからです。

入居希望者と直接接している賃貸仲介会社は、信頼できる賃貸管理会社の物件情報から、入居希望者へ先に紹介していきます。当然、そうした物件への入居は早く決まります。

逆に実力がなく、賃貸仲介会社から信頼されていない賃貸管理会社の物件は、なかなか入居者が決まりません。

ふだんから賃貸仲介会社と緊密にコミュニケーションをとっていて、強いコネクションをつくっている賃貸管理会社に依頼することで、人気のある物件を選ぶのと同様、物件の空室リスクを下げることができるのです。

前章で述べたような**「人気のある物件選び」**と、**ここで述べた「実力のある賃貸管理会社を選ぶこと」が、空室リスクを下げるための2本柱**だと考えてください。

この2つができれば、そのマンション投資は、ほぼ成功を約束されたと言っても過言ではありません。

○別々に契約していると、連絡業務だけでも時間をとられる

なお、賃貸管理会社を選ぶ際には、できるだけ前述した**複数の業務をワンストップに依頼できる会社を選ぶ**ことをおすすめします。

5つの業務のうち、最後の賃貸仲介会社とはオーナーは直接やり取りすることはありませんが、その他の4つの会社とはときどき連絡をとらなければなりません。このとき、それぞれの業務を別々の会社と契約していると、連絡先も複数になり、連絡業

務だけでも大変面倒です。これでは、物件を購入したあとはほとんど放っておけるというマンション投資のメリットが薄れてしまいます。

同じ会社、つまりは実力のある賃貸管理会社を持っているマンション開発会社（マンションデベロッパー）が、ワンストップにこれらの業務をまとめて担当していれば、担当者も1人になりますし、日常の連絡業務もより簡単なものになります。ふだんの生活で面倒な連絡業務に悩まされることもなくなるでしょう。

さらにはワンストップ型の業者であれば、ふつうは別々の会社で行っている業務も自社で一括して行っているため、たとえば建物の管理がしやすいように最初から設計するとか、物件の仕様に合わせたきめ細かい管理を提供するなど、自社内で業務横断的な知識やノウハウの共有が行えます。斬新なアイデアでの新しい提案をできる可能性も高いでしょう。

こうした点を考慮して、空室率を非常に低く維持しているなど賃貸管理会社としての実力があり、同時にマンションの開発やその販売、さらに建物管理などの業務もワンストップで手がけている会社を、みなさんのマンション投資のパートナーとして選ぶことが肝要です。

43 選ぶべきパートナーはこんな会社

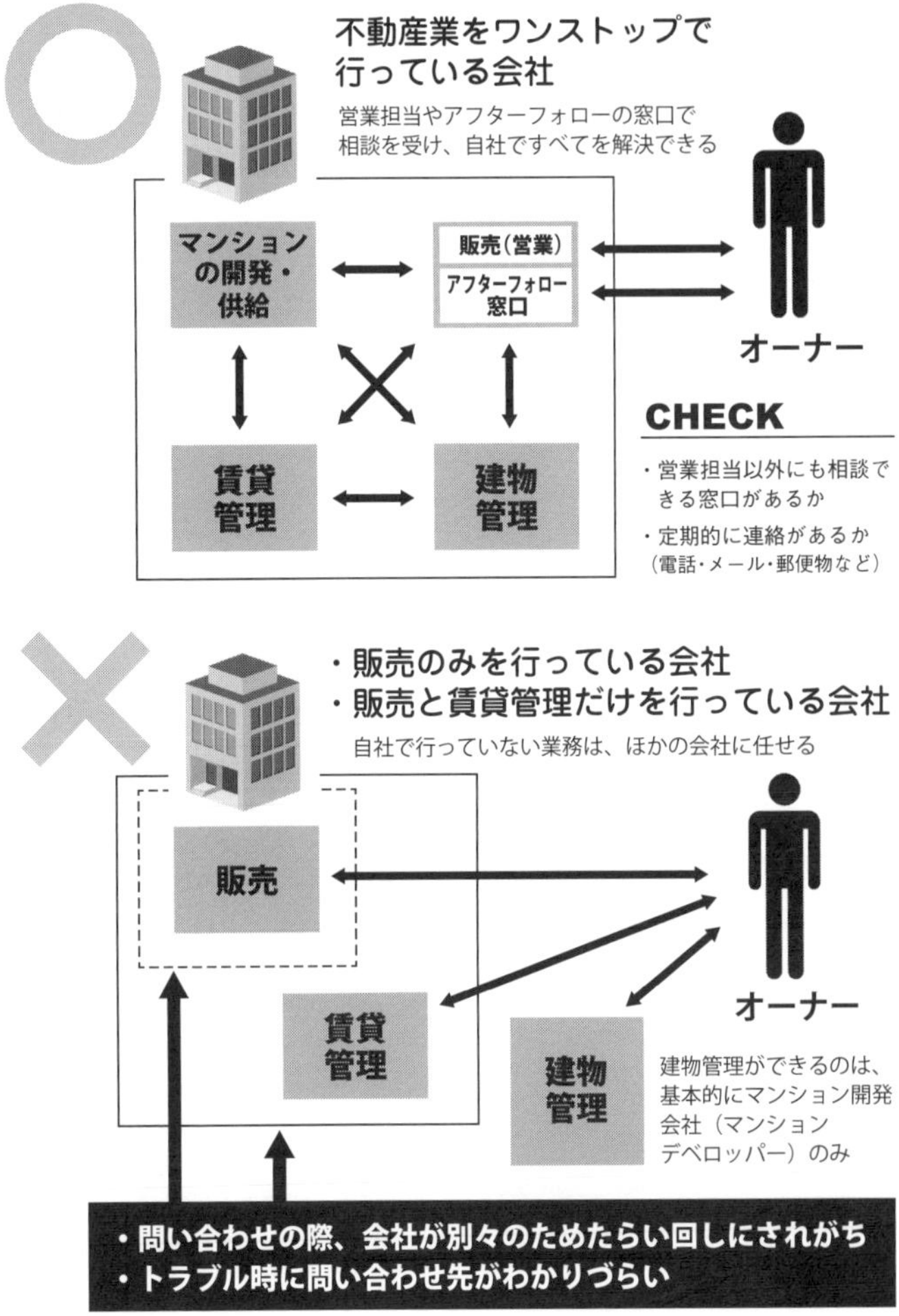
不動産業をワンストップで
行っている会社
営業担当やアフターフォローの窓口で
相談を受け、自社ですべてを解決できる
マンションの開発・供給
販売（営業）
アフターフォロー窓口
賃貸管理
建物管理
オーナー
CHECK
・営業担当以外にも相談できる窓口があるか
・定期的に連絡があるか
（電話・メール・郵便物など）
・販売のみを行っている会社
・販売と賃貸管理だけを行っている会社
自社で行っていない業務は、ほかの会社に任せる
販売
賃貸管理
建物管理
オーナー
建物管理ができるのは、
基本的にマンション開発
会社（マンション
デベロッパー）のみ
・問い合わせの際、会社が別々のためたらい回しにされがち
・トラブル時に問い合わせ先がわかりづらい

財務的に安定した会社の選び方
——長期間、安心して付き合っていくために

○長期の家賃保証も、管理会社が倒産してしまったら「絵に描いた餅」

マンション投資は非常に長期に及ぶ投資ですから、**パートナーとして選ぶ会社には財務的な安定性も必要**です。

「30年保証」といった長期の家賃保証をうたった契約を仮に交《か》わしていたとしても、必要なときに肝心の会社がもう倒産していたら、当然ながら家賃の保証など行われません。それどころか、**もしも賃貸管理会社や建物管理会社が倒産した場合には、そこに預けていたお金は運転資金などに流用されてしまっていて、まず戻ってきません。**

実際、過去にはこれらの管理会社が倒産してしまった事例があるのですが、そのときにもオーナーや管理会社が預けていたお金はその多くが戻ってこず、長い訴訟を経て戻ってきたお金もごく少額だったようです。

そうした事態を避けるためには、財務的に安定した会社をパートナーとして選ぶ必要があるのです。

◯帝国データバンクの評点で判断すればいい

では、会社の財務的な安定性はどこで判断すればいいのでしょうか？

もっとも客観的で、かつ信頼性が高い指標としては、**帝国データバンクの評点**があります。

帝国データバンクは国内最大手の企業調査会社で、さまざまな調査を行って個々の企業に点数を付けています。

この評点で最低限50点あれば、一般的には安定的な企業と判断できます。

60点あれば、予見できる将来には倒産の危険性がほとんどない、財務的にかなり安定し

た企業だと考えられます。

帝国データバンクの評点で高い点数を得た企業は、自らそれを公表していることも多いので、そうしたデータを判断材料にするといいでしょう（ちなみに、高い評価を得られなかった企業は点数の公表をしたがりません）。

有料ですが、個人で帝国データバンクの評点を確認できるサイトもあります。こういったサイトを活用してもいいでしょう。

有料といってもごく少額ですから（数千円程度）、大きな買い物となるマンションを購入する前には、必要な経費と言えるのではないでしょうか？

▼G-Searchデータベース・サービス　http://www.g-search.or.jp/　など

ちなみに、少々手前味噌ですが私の会社の評点は65点で、安定した財務状況を維持していると評価してもらっています。

提携金融機関が少ない会社は投資条件が不利になる

最低限5社はほしい

パートナーを選ぶ際には、**購入時に提携金融機関をどれだけ利用できるかも**、判断の大事な要素となります。

なぜなら提携金融機関の選択肢が少ないと、金利が高くなったり、融資限度額が低くなったり、あるいは購入可能な物件の戸数が制限されたりするからです。

金融機関は、前項で述べたような財務の安定性や、これまでの実績などを見て、それぞれのマンション販売会社と提携するかどうかを判断しています。つまり、**より多**

くの提携金融機関の選択肢がある販売会社は、それだけ業界内での評価や評判が高いということです。

逆に、業界内で評価されていない販売会社は、お客さまに対してはどんなに信頼できるようなイメージをつくり上げていても、提携金融機関の選択肢を多く提供できません。

金利や利用する金融機関、融資に付いてくる団信の条件などをじっくり比較し、投資にあたっての選択の幅を確保するためには、**提携金融機関が最低限5社はあることが望ましい**と私は考えています。

マンション投資を始める際、パートナーを選ぶ判断基準として、こうした提携金融機関の数についても注意しておくといいでしょう。

条件の差でもう1戸購入できる可能性がある

なお物件購入の際、個人で金融機関の融資を利用することもできますが、一般的には販売会社が提携している金融機関の融資を利用したほうが、より低い金利で物件の

44 提携金融機関における金利の例

当社事例

店頭表示金利：3.675%（変動金利）

➡ **当社の提携金融機関での金利：1.60%**

※2022年12月現在、変動金利

店頭金利：3.675%		➡	**提携金利：1.60%**	
月々の支払い：	117,731円		月々の支払い：	86,487円
総支払額	：49,447,115円		総支払額	：36,324,790円

月々の差額：31,244円

総支払額の差額：13,122,325円

※融資額2,780万円、返済期間35年の場合

※その他当社の提携金融機関での金利：1.60〜2.45%

※2022年12月現在、変動金利

購入資金を借りることができます。

私の会社での2022年時点での事例を図44に紹介しておきますが、**一般向けの店頭金利に比べて最大2%以上も低い金利で資金調達できます。**

この事例では、月々の支払額に3万円以上の差、総支払額では1300万円以上の差が生じています。

これだけの差があれば、その差額を物件をもう1戸買い増しするための頭金としたり、繰り上げ返済の原資とし

たりすることも十分可能です。

さらに**マンション開発会社**（マンションデベロッパー）**として、その会社がつくる物件への評価が高ければ、物件の購入価格のすべてを融資でまかなう「100％融資」も、より多くの方が利用できるようになります。**

100％の融資が利用できれば、現時点での手元資金が少なくても、一気に複数物件の購入を行えます。若いうちから老後の生活費対策を万全にできます。

投資全体でのリスクは上がりますから、すべてのケースで無条件に100％融資の利用をすすめることはできませんが、少なくとも選択肢が増えるのは悪いことではないでしょう。

同様に**個人事業主や会社経営者の方に紹介できる金融機関がどれだけあるか**でも、選択肢の幅は大きく変わってきます。

提携金融機関の選択肢が多く、さらにその利用条件が有利な会社をパートナーとして選ぶことが、マンション投資では非常に重要になるのです。

中古マンションばかりを紹介する会社も避けよう

◯買い取り時の言葉と販売時の言葉が逆

パートナーを選ぶ際には、**中古マンションばかりをすすめてくる会社も避けたほうがよいでしょう**。これは私自身のマンションオーナーとしての経験から、確信するようになった判断基準です。

私自身、いくつかの投資用マンションを保有しています。

物件を保有していると、購入後しばらく経ったころから、中古マンションの買取業者から手紙や電話での営業がくるようになります。

これは現行の法律上、不動産登記情報を閲覧すれば、誰がその物件を保有しているのかわかってしまうからです。マイホームを購入した場合などにも、同じことが起こるのをご存じの方も多いでしょう。

調査のため、そうした中古マンション買取業者の営業トークをじっくりと聞いてみたことが何度かあるのですが、不動産業界で長年生きてきたプロとしては残念なことに、**モラルに欠けた営業スタイルをとっていると思わされることがほとんど**でした。

たとえば「その物件は将来、多額の修繕費がかかり、資産価値が下がりますよ」とか、「この立地ではすぐに家賃が付かなくなります」などと、ありもしない話でオーナーの不安をあおるような言葉を投げかけて売却を急《せ》かします。

しかし、そもそも家賃が付かないような物件や、多額の修繕費で損をするような物件であれば、なぜその業者は買い取りをしたいのでしょうか?

彼らの話が本当に正しいのであれば、買い取りをしたところで今度は自分が損をするだけです。

結局のところ、**彼らが投げかける言葉は、オーナーを不安にさせて物件を安く買い取るための嘘や方便にすぎない**のです。

その証拠に、物件を買い取った業者は、その物件を別のマンション販売会社や個人の投資家へと、安く買い取った分の利益を乗せて売却しています。

そのときには同じ業者が「この物件は資産価値の高い物件ですよ」とか、「家賃が○万円は付けられる優良物件です」などと言って販売するわけです。**買い取り時に売り手に対して発している言葉と、売却時に買い手に対して発している言葉が真逆**なのです。

話に一貫性がなく、これではビジネスパートナーとして信頼を置くことなどとてもできません。

結局は、自社が売買の差額や手数料を稼ぎたいだけで、買い手や売り手の利益などまったく考えていない、と言われても仕方ないでしょう。

◯中古物件メインの会社は避けたほうが無難

読者のみなさんがマンション投資をしようと考えたとき、物件の販売会社のなかには、こうした手法で自ら仕入れた中古マンションばかりを販売している会社があります。そして、そうした会社は**同じマンション投資でも中古物件への投資ばかりをすすめてくるのが一般的**です。

第3章でも述べたように、私自身は長い老後の生活費対策とするのであれば、投資対象の物件は収益を得られる期間を長く確保できる新築か、せめて築浅中古の物件にする必要があると考えています。

こうした会社は中古物件の価格の安さと、それによって表面上は利回りがよく見える点を強調してきますが、中古では収益を得られる期間が限定的なので、今後の長すぎる老後で家賃収入をアテにできるか、不安が残ってしまうのです。

また**近年では、中古マンション市場の競争が加熱化しており、結果として物件価格の高騰《こうとう》や利回りの低下、粗悪な物件の増加などの現象が起こっている**ことも見逃せません。

実際に最近、いくつかの不動産ファンドの人たちと話をしたのですが、「中古のマンション価格が高くなりすぎて、購入ができない。むしろ新築のほうが利回りがいい」と盛んに言っていました。

また中古マンションを1戸単位で仕入れて販売している、中古マンション販売会社の人にも話を聞く機会があったのですが、彼らも「仕入れの競争が激しすぎて、いい物件ばかりを仕入れるのが難しくなってきている。妥協の度合いがどんどん上がってきていて、場所が悪かったり、細部のつくりが甘かったり……といった粗悪な物件の数が増えている」と語っていました。

こうした現状では、仮に中古物件を狙うにしても、**新築マンションを主に販売している会社のほうが、むしろ優良な中古物件を持っている**ケースが多くなっています。

なぜならそうした会社は、新築をつくってしっかりとビジネスを行いながら、いい中古物件があればそれだけを購入するという姿勢で物件を仕入れられるからです。

一方で中古物件だけを販売している会社は、市場から中古物件を仕入れ続けなければなりませんから、現在のように激しい仕入れ競争が起こっている状況では、優良物件だけを仕入れるのはなかなか難しいのでしょう。

さらに言えば、中古のマンションと新築や築浅中古のマンションでは、オーナーが物件を保有する目的が異なります。

目先の利益を重視して保有されることが多い中古マンションに対し、新築や築浅中古のマンションでは、ここまで説明してきたように長いスパンでの老後資金対策を目的とした保有がほとんどです。

こうした目的の違いや、購入時のオーナーの年齢などによって、中古がよいのか、新築や築浅中古がよいのかは本来変わってくるはずです。

しかし、中古マンションしか扱わない販売会社では選択肢がありませんから、ミスマッチが生じやすいでしょう。

こういう面からも、中古の物件ばかりをすすめてくる会社は、避けたほうがよいのです。

○新築でも中古でも販売会社の利益が価格に含まれているのは同じ

もうひとつ指摘しておくと、中古業者の方々は、新築物件には「新築プレミアム

（新築価格と、新築直後の中古物件における価格との差額）」というマンション開発会社の得る利益が価格に含まれているので、その分、買い手が損をすることになる。だから損をしない中古物件のほうがお得ですよ、というセールストークをよく使います。

ところが前述したとおり、中古物件を主に扱う業者の方々も、中古物件の購入時には売り手から安く物件を買い取り、販売時にはその分の利益を乗せた価格で売っているのですから、中古物件であっても新築物件と同様、物件の販売会社が得る利益は、しっかりと価格に含まれています。

しかし彼らは、その点について話すことはまずありません。

新築物件には、中古物件にはない品確法（住宅の品質確保の促進等に関する法律）の10年保証が付いていますし、自分の条件に合致した部屋の物件を選べるといった、中古物件にはないメリットもあります。

その点についても、しっかり理解しておきたいものです。

○利率の差を考えれば、利回りの差も小さくなる

中古物件のいちばんのウリである利回りのよさについても、**実質的な利回りで考えると、新築物件の利回りとの差がほとんどなくなる**ケースがよく見受けられます。

物件購入時の管理費や修繕積立金は、一般に新築のほうが中古よりも少なくなります。最近の中古物件における利回りの低下傾向などを合わせて考えると、利回りの面でも必ずしも中古が有利とは言えなくなっているのです。

私は、投資対象としての中古マンションを完全に否定するわけではありません。投資の腕に覚えのある方なら、そこで利益を出すこともできるでしょう。

しかし、長い老後の生活費対策での「投資パートナー」としては、そうした中古物件ばかりをすすめてくる業者は、選ばないほうが無難ではないかと考えています。

第5章

不安を乗り越え、明るく楽しい老後をいま「予約」しよう！

「大きな金額の融資」で思考停止しないために

ここまでの説明で、**マンション投資が「人生100年時代」の長い老後に備える対策として、非常に有効なものであること**を理解していただけたと思います。

老後に対する漠然とした不安が解消されることで、いま現在の仕事や生活にストレスなく集中できるようになるメリットもあります。万が一の場合の保険としての性格もあります。

もちろん投資である以上はリスクもあり、その主なものとして空室リスクがありました。しかしそのリスクも、需要が高く空室になりにくい物件を選び、さらに信頼でき実力があるパートナーを選べば、最低限に抑えられることを見てきました。

○企業の経営活動だって金融機関からの融資で回っている

こうした点に惹《ひ》かれてマンション投資を検討する方が、最後に不安を感じることが多いのが、物件を購入するために大きな額の融資を受ける点です。

現在、東京圏の投資用ワンルームマンションの価格は、立地やグレードにもよりますがおおよそ2500〜3500万円ほどです。

郊外にマイホームを購入する場合に近い金額ですから、頭金額にもよりますが、それだけの金額の融資を受けることに身構えてしまう気持ちはよくわかります。

しかし**マンションへ投資するために受ける融資は、将来のために行う投資に必要とされる借り入れであって、浪費や投機のために行うものでは決してない**、ということを思い出してください。

融資も借金も、どちらも資金調達をするために金融機関からお金を借りることなので、同じ意味合いに感じるかもしれません。

しかし、**「融資」は事業を発展させるためにお金を借りること**です。融資で得た資金を元手に事業を発展させ、利益を上げるためにお金を借ります。

一方の**「借金」は、一般的に個人消費のためにお金を借りる場合に、この言葉が使われます**。たとえば高額な家や車、装飾品、家電製品などを買うときに、お金を借りることは借金と言えるでしょう。一時的に生活費が足りなくなって、カードローンでお金を調達したり、人から借りたりする行為も借金です。

このように融資と借金では、借りたお金の使い道の面で大きな違いがあります。

もし数千万円の資金を、いま贅沢《ぜいたく》な暮らしをするために借りるとか、ハイリスク・ハイリターンな投資対象、たとえば仮想通貨などに投資して一攫千金《いっかくせんきん》を狙うために借金をする、などということであれば、私も絶対に反対します。そんなことをしたら、それこそ、自己破産に向かって一直線です。

しかし、将来にわたって一定の収入を産んでくれる収益源をつくるための融資であれば、それは十分な考慮に値する選択だと考えます。

月々のローンの返済額や諸経費、税金などと比較しても、将来的なリターンのほうが大きいのであれば、むしろ積極的に借りるべきお金である、とさえ言えるでしょう。

45 前向きな「融資」と後ろ向きな「借金」の違い

× 後ろ向きな「借金」

- 負債額以下の収益しか生まず、デメリットが生じるもの
- 担保がないか、担保の価値が目減りするもの

例
・マイカーローン
・ショッピングでの分割払い
・カードローン
・消費者金融　など

○ 前向きな「融資」

- 負債額以上の利益やメリットを、将来にわたって生んでくれるもの
- 価値が目減りしづらい担保があるもの

例
・会社経営における融資
・マンション経営における融資

メリット

① 資産形成までのスピードを短縮できる
② 少ない資金で大きな資産を形成できる（レバレッジ効果）
③ 団体信用生命保険が付く
④ 計画性のある資産運用ができる
⑤ 複数戸所有してメリットを数倍に増やせる　など

世界中のほとんどすべての企業も、そのようにして銀行から融資を受けて、そのお金でビジネスをしています。

融資を受けることで返済の義務が発生しても、調達した資金によって新たな投資ができ、それによって十分なリターンを得られるのであればまったく問題はありませんし、むしろ望ましいことだと考えるからです。

実際に、きちんと利益

やメリットを得られている限り、世間や市場もそうした企業を非難することなどありません。むしろ高く評価することのほうが多いはずです。

老後資金対策のマンション投資で受ける融資は、これと同じです。**将来にわたって利益やメリットを手にするための資金調達ですから、まったく問題はない**のです。

私自身もそのように考えて、個人で融資を受けてマンション投資を行っています。

借りるあなたより、貸す銀行のほうが怖い

「融資を受けることが怖い」とおっしゃる方は、実際には「お金を借りる側」であるみなさんより、見ず知らずの人に「何千万円もの大金を貸す側」である金融機関のほうが怖いのだということも、冷静に考えてみてほしいと思います。

銀行などの金融機関は、貸したお金が本当に返ってくるか不安ですから、左の図46に示したようなポイントで借り手の信用（属性）を細かくチェックして、それぞれの借り手が無理なく返済できるような金額だけを貸し出しています。

金融機関側が経験的に把握している最低条件を、借り手がクリアできなければ、そ

46 金融機関が信用（属性）を判断するポイント

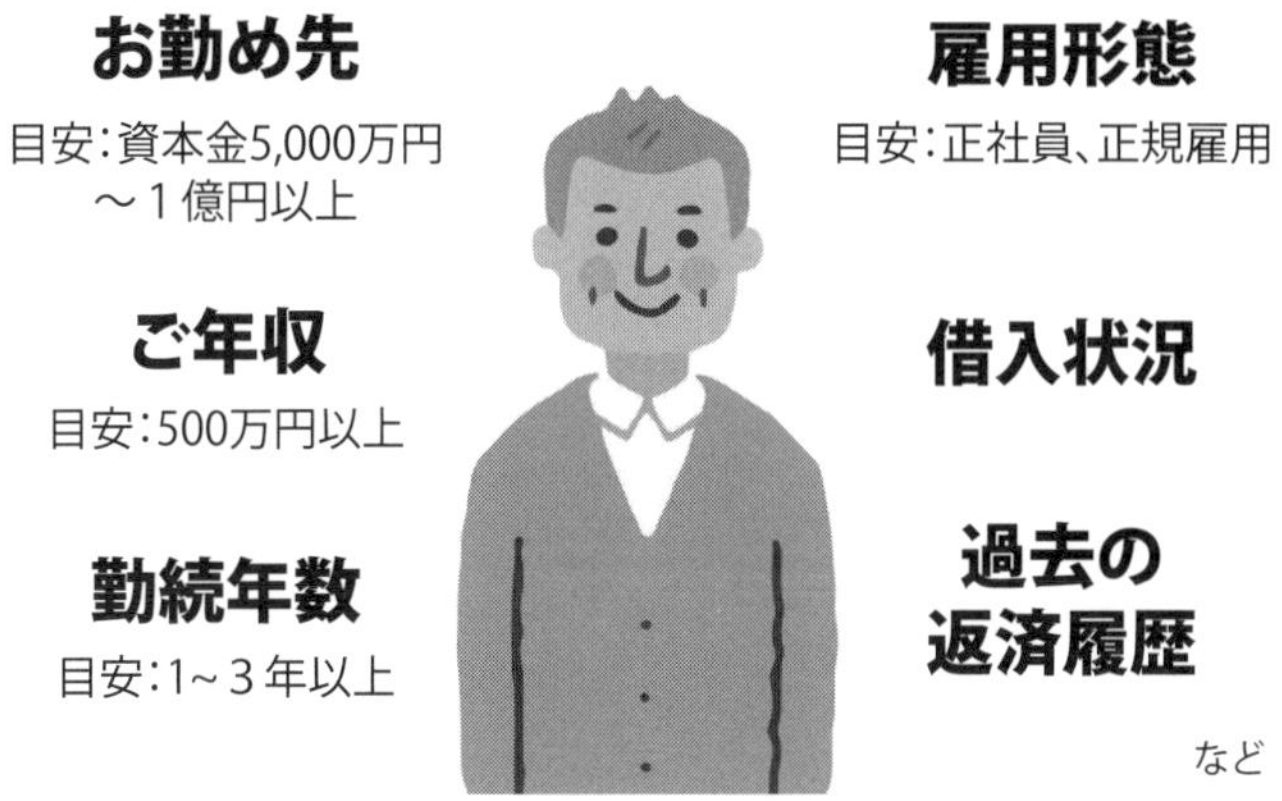

もそも与信の枠は設定されないのです。

逆に言えば、**与信枠の金額は、その金融機関が「あなたなら、この金額までの融資金であれば無理なく返済していけます」とお墨付きを与えている金額**だとも言えるでしょう。

融資を受けることが怖いと言って、この与信枠を使わないのは、大きな「機会損失」ではないでしょうか？

○融資を活用しないと、格差が固定化される

日本人には「お金を借りることはとにかく悪だ」というイメージが強いので、

ここまで言ってもまだ不安が残る人も多いかと思います。

その場合には、こう考えてみてください。

仮に融資をまったく受けずにマンション投資を行おうとする場合、すべてを自己資金でまかなわなくてはなりません。物件を購入するためには貯金をしなければならないのですが、そのためには長い時間がかかります。

その間は収入の多くを貯金に回し、マイホームの取得などもあきらめなければならないでしょう。それでは、まるで老後のために人生を送っているようで、まったくの本末転倒です。

現実にはそんな選択をする人はいないので、**すでに資産を持っている人以外は、そもそもマンション投資はできない**ということになります。ほとんどの人にとって、老後の生活は不安定なままです。

一方、富裕層などのすでにお金を持っている人は、いくらでもマンション投資ができます。豊かで安定した老後を簡単に手にできるでしょう。

このように、**融資を活用しない場合、どうしても格差が固定化され、さらに拡大してしまいやすい**のです。そうした格差の固定化を防ぎ、たとえいまは資産がない方でも明るく楽しいワクワク老後を「予約」できることが、融資を活用できるマンション投資の大きなメリットのひとつと言えます。

また、前述したようにお金は借りる側よりも貸す側のほうがリスクが大きいのがふつうです。借りる側は仮に返す気がなくても借りられますが、貸す側は万一、返済が滞った場合には、なんとかして借り手からお金を取り立てないと貸したお金は返ってきません。

無い袖《そで》は振れませんから、結局回収できずに貸し倒れてしまうリスクはなくなりません。

融資の審査に通った場合、銀行はそうしたリスクがあっても、それでもこの人とこの物件にならお金を貸しても大丈夫だと判断しているのです。お金のプロが大丈夫だと判断しているのですから、必要以上に怖がる必要はないはずです。

○ある程度不安が解消されたら行動を！

どのように考えても、一抹の不安が消え去ることはないでしょう。

それは、事前にリスクを察知して、危険な状況に陥るのを避けようとする人間の本能からくるものですから、消せない不安ですし、実際すぐに消すこともできません。

しかしその不安に対する対応策が十分にあり、成功に確信が持てるのであれば、**どこかの時点で不安を乗り越えて前に進む必要があります。**何もしなければ、将来、苦しい境遇に陥る可能性が高いことも、また間違いないのですから。

ぜひ、楽しい未来へと向けた「一歩」を踏み出してください！

不動産投資に向いている人と向いていない人

ここで少し視点を変えて、マンション投資などの不動産投資に向いている人と、向いていない人について、私が思うところを指摘しておきたいと思います。

○ごくふつうの会社員や公務員がいちばん取り組みやすい

マンション投資というと、もともと資産を持っているお金持ちしか手がけられないと考える方が多いのですが、実はそうでもありません。

むしろ**いちばん手がけやすいのは、定職に就《つ》いているごくふつうの会社員や公務員の**

方です。詳しくは後述しますが、20代から定年間際のベテランまで、年齢もあまり問われません。

なぜ、ふつうの会社員や公務員が手がけやすいのか？

それは**物件を購入する際の金融機関の融資審査では、雇用されて定職に就いていることが高く評価されるケースが多い**からです。

銀行は、当然ながら物件自体の資産価値も担保として考慮しますが、お金を借りる本人がきちんとした職業に就いていて、安定的に働いているかどうかを非常に重視しています。

お金を借りる人が、給与という形で定期的な収入を得て、そこから毎月、継続的かつ確実に融資金を返済することを高く評価するのです。おそらくは、そうした形で返済をしてくれる場合にこそ、銀行側の金利収入が最大となるからでしょう。

また前述したように「お金を貸す側」である銀行からすると、本当に貸したお金が返ってくるかどうかの不安・怖さが常にあります。そこから、一般に「堅い職業」とみなされている会社員や公務員を高く評価する傾向が生じているようにも思えます。

逆に中小企業の経営者や個人事業主など、一般に会社員や公務員より高収入であることが多い方に対しては、意外なほど厳しい目線を向けることが少なくありません。

現時点の収入額は大きくても、経営者や個人事業主は関わっているビジネスの調子が悪くなれば、収入額が大きく減少したり、場合によっては倒産などによって無収入になったりする可能性がそれなりにあるため、安定的な返済を重視する銀行からは一段低い評価をされてしまうことが多いのです。

その是非はともかく、銀行側には一般にこうした融資姿勢があることから、**たとえ現在は手元に大きな資産を持っていなくても、また収入額が必ずしも大きくなくても、会社員や公務員としてきちんと働いていれば、購入価格の大部分を融資金でまかなって物件を購入できます。**

条件がよければ、満額で融資を利用することも可能です。

より少ない元手で、大きな金額の投資ができるという意味では、**ふつうの会社員や公務員こそが、もっとも有利な立場でマンション投資を手がけられる**のです。

そのため向いているか、向いていないかで言えば、これらの属性の人は明らかに向いていると言えるでしょう。

○経営者や個人事業主、専業主婦や退職後の方でも投資できる

なお、先ほど融資の審査時に金融機関からの評価が低くなりがちな属性として紹介した経営者や個人事業主の方も、マンション投資は問題なく行えます。

これらの方は、通常の提携の融資は利用できないこともあるのですが、事業で取引がある金融機関に融資の話を持ち込むことが可能です。

不動産の担保がある融資案件ですから、低金利環境が長く続いて、融資先に困っている金融機関が多い現状では、多くの金融機関が積極的に融資してくれるでしょう。私の会社でも、実際にそのようにされているお客さまはたくさんいらっしゃいます。

またこれらの属性の方は、一般の会社員や公務員の方より高収入の場合が多いので、その場合にはすでにまとまった金額の貯金があることもあります。

そうであれば、その資金を使って、融資を利用せずに物件を購入することができるでしょう。この場合には老後になるまで待たなくても、すぐにでも家賃収入を得るこ

とができます。

これはまた、**手元にまとまった額の資金があるのであれば、どんな属性の方でもマンション投資を手がけられる**ことをも示しています。

専業主婦や退職後の方、極端なことを言えば学生や無職のニートの方であっても、相続などで物件を購入できるだけの現金をすでに持っているのであれば、その大切な現金をより効率よく、より長くマンション投資によって活用することが可能です。しかも、すぐに家賃収入が入ってきます。

マンション投資は、どんな属性や職業の方でも手がけられる投資なのです。

○短期的な利益を得たい人は向いていない

逆に、**あまりマンション投資に向いていないと思われるタイプは、短期的に大きな利益を得たいと考える人**です。

そういう人は、同じ不動産投資でも、基本的には表面上の利回りの数字が高い築古の中古物件を狙います。融資を最大限に活用しつつ、最初は1戸ずつ、最終的にはアパートやマンションを1棟単位で丸ごと購入することで、短期間のうちに大きな不労所得を得ることを狙う手法が最近は一般的なようです。

しかし私もすでに数十年、この業界で仕事をしてきたのでよくわかるのですが、そうした投資法を通じて成功できるのは、才能と幸運に恵まれたほんのひと握りの人だけです。

ほとんどの人は、表面的な利回りの数字につられて買ってはいけない物件を購入し、売るに売れない、毎月、利益よりも損失を生み出してしまうような物件を抱えて身動きがとれない状態になって終わります。

失敗した人は声高にその事実を触れ回ることはないため、幸運な成功者だけが目立ちますが、その背景には圧倒的多数の失敗者が存在しているのです。

短期間のうちに利益を得ようとすることは、ハイリスク・ハイリターンな手法を追い求めることです。確かにひと握りの成功者は存在しますが、ふつうの人には、それを実現させるだけの幸運はまず巡ってこないのだと肝に銘じておきましょう。

そもそも、**マンションをはじめとする不動産は、短期的な投資、つまりは投機には向いていません。**売買にも時間がかかりますし、家賃や物件価格の変動も非常に緩やかです。

不動産の短期的な保有と売却で巨額の利益を得られたバブル期のイメージが強烈すぎるのか、不動産投資でも短期的な利益を得られるのではないかと考える人がいまだに一定数いるのですが、バブル期はさまざまな条件が噛《か》み合った異常な状態でした。今後、近い将来に、バブル期のように不動産の短期的な売買で大きな利益を得られるような状況がくるとは、私にはとても思えません。

あくまでも老後のための長期的な投資として考えて、短期ではなく長い時間のスパンでリターンを求めるようにしてください。

繰り返しますが、リスクとリターンは表裏一体です。「リスクが大きなものほどリターンが大きい」「リスクが小さいものほどリターンが小さい」という傾向があります。「リスクが小さく、リターンは大きいもの」はなく、仮にそうした「うまい話」があるとしたら、それは詐欺だと考えてください。

○考えすぎて決断できない人もダメ！

同じく、**どうしても決断ができない人も、不動産投資には向いていない**と私には思えます。

マンション投資にはさまざまなメリットがありますが、投資ですからリスクもあります。人間は神さまではありませんから、将来をすべて予想や予測ができるわけではありません。未来に想像もできない事態が起こって、投資の前提が覆されるような可能性は、決してなくなることはありません。

しかしそうした事態が起こって、自分が損をしてしまう可能性があるのがとにかく嫌だ、という人もいらっしゃいます。そういう方の場合は、不動産投資に限らずあらゆる投資に向いていないので、頑張って銀行にお金を貯めてくださいとしか言えません。銀行預金であれば、少なくとも1000万円とその利子分までは国の保証があります。

ただしそれでは、これからの長い老後を暮らし抜いていけないことは、すでに何度も確認したとおりです。年老いたあとに節約と我慢の生活を強《し》いられ、子や孫、親、兄弟姉妹、親戚などがいれば、その方たちに多大な迷惑をかけることになるのは避けられません。

そうした将来を避けるためには、いま、動かなければならないのです。

それなのに、重箱の隅をつつくように不安要素を探してきて、いつまでも決断ができない人がいます。いま投資をする必要性は理解していて、ある程度は納得もできているはずなのに、まだ何か見落としていることがあるかもしれないと慎重になりすぎて、結局、何もしない、できないという人です。

大きな金額の投資ですから、もちろん慎重になるのは悪いことではありません。疑問や不安があるのも当然のことですから、そうした部分はパートナーとなる会社からしっかりと説明を受けるべきです。

しかし、**ある程度疑問が解消し、不安も解消されたら、どこかで決断しなければ何も変わりません**。

そうした最後の決断ができない人は、残念ながら不動産投資に限らず、投資全般に向いていないと私は思っています。

ちなみに経験的には、パートナーの営業担当者の話を2回くらい聞いてから決断すると、いちばんよい判断ができるケースが多いようです。

○健康な人のほうが明らかに有利になる

向いているか、向いていないかとは少し意味が違うかもしれませんが、あなたが健康かどうかという要素によっても、マンション投資を有利な条件で行えるかどうかが変わってきます。

もちろん**健康なほうが、より有利な条件で投資ができます**。

融資を活用して物件を購入する際には、融資の条件として団信に加入する必要があることをすでに説明しました。この**団信は生命保険の一種ですから、健康でないと加入できないことがあります**。

最近では、持病があっても加入ができる団信もありますし、融資を利用せずに現金で買う場合には、そもそも加入の必要がありません。しかし、たとえ加入できる場合でも、持病があると保険の条件が悪くなります。選択肢の幅が狭くなるという意味でも、やはり健康なうちに投資をしたほうがいいでしょう。

具体的には、ちょっとした高血圧症や脂質代謝異常症などなら、問題なく加入できることもよくありますが、**糖尿病やがんなどの大きな病気をしていると、希望している団信の商品に加入ができないケースが多くなります。**またうつ病などの精神疾患も、**加入不可の原因になることがある**ので要注意です。

いずれにせよ、団信に加入できないと投資条件が不利になるのは避けられません。**マンション投資をするなら健康なうちに！**という視点を持っておくことは、非常に重要なポイントでしょう。

実際、自己資金を貯めようと1年間待ったお客さまが、その間に糖尿病になってしまい、結局、希望していたマンション投資を実施できなかった、という事例があります（次ページ・図47参照）。こういった話は決して珍しくありません。

健康という得難い宝物がみなさんの手のなかにあるうちに、将来のための決断をすることを強くおすすめします。

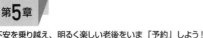

よくある失敗例

○　**病気にかかってしまい融資が受けられなくなる**

→マンションを購入する際の融資には団体信用生命保険が付いていますが、この保険は生命保険の一種ですから、病気にかかると加入しづらくなり、融資を受けづらくなります（団体信用生命保険の掛け金は毎月の銀行への支払いのなかに含まれているため、別途保険料の負担はありません）。

○　**転職によって融資を受けられなくなる**

→融資の審査の際、通常、現職における数年以上の在籍期間が必要となります。

○　**金融機関の融資基準が厳しくなり、融資を受けられなくなる**

→実際に2000年前後には、年収700万円以下の方に不動産投資の融資が行われることはまずありませんでした。

○　**詐欺に引っかかる**

→ハイリターンを志向していると、詐欺的な話に引っかかる可能性が高まります。

実例　団信付きの融資を受けられなくなってしまったケース

自己資金を貯めるために、マンション投資を始めることを先延ばしにしたお客さま。しかし、いざ自己資金が貯まった1年後、不幸にも**「糖尿病」を発症**。結果、**物件の購入時に団信付きの融資を受けられなくなってしまいました**。

このお客さまは、1年前にはまだ健康な状態でしたから、自己資金ナシの頭金ゼロでも、融資時の審査をパスし、マンション投資を始めることができていたはずです。

ご本人も、大変後悔されていました。

いまなら金融機関の融資姿勢が良好で、年収500万円台・頭金0円からマンション投資を始められる可能性があります！

繰り返しとなりますが、それでも決断できないと、老後資金の準備にあてられる時間が少なくなり、負担も増えますし、選べる選択肢も減ってきます。

そうすると選択肢が少ないなかで負担を減らそうとするので、より高い利回りを求めてリスクの高い商品に手を出してしまったり、詐欺的な商品（未公開株や仮想通貨など）に目がくらんだりしてしまいます。結局、うまくいかずにせっかくの資金をさらに減らしてしまう、ということがよくあるのです。

最悪の場合には生活もままならず、「孤独死」なんて可能性もあります。

そうした状況に陥らないためにも、しかるべきタイミングでの決断が重要です。

何歳からでも投資ができる!

現金購入なら年齢制限はない

マンション投資をできる年代についても見ておきましょう。

まず、**融資を利用せずに物件をすべて現金で購入するのであれば、何歳であろうとこの投資を始められます。**

さすがに未成年の場合には親権者の同意が必要ですが、それでも、同意があれば購入できます。極端な話、中学生や高校生であろうと、物件のオーナーになることは可能です（ただし、資金を親が出して名義だけを未成年者にする場合には、それは贈与となるので贈与税がかかります）。

また現金購入であれば、どんなに高齢になっても物件の購入は可能です。

上限があるとすれば、認知症などで判断力が低下し、成年後見人を立てたときには、それ以後は自分の意志で不動産の売買を行えなくなります。

現金購入であれば、マンション投資は何歳であれ、どんな職業・属性の方であれ、実践可能な投資法ということです。実際に当社には、20歳のときに物件を購入したお客さまもいらっしゃいますし、80歳代で購入したお客さまもいらっしゃいます。

○融資を活用する場合には一定の縛りがある

一方、**融資を受けて物件を購入する場合には、そのメリットを最大限に活かせるのは、下限は20代から、上限は50代くらいまで**と考えられます。

下限については、金融機関での融資の審査の書類に「利用できるのは20歳から」という趣旨の文言が記載されていることが多いです。

逆に上限については、最近では金融機関での融資金の返済期間の設定上限が85歳とされています。そのため、35年の長期間の融資を受けて月々の返済金額を抑えるには、実質的には50代くらいが上限になるという意味です。がん特約の付いた「がん団信」の加入上限年齢も、多くは50歳とされています。

なお、月々の返済金額を上げても問題なかったり、頭金を多めに入れて返済期間を短く設定したりする場合には、60代や70代であっても融資を活用できる可能性があるでしょう。ただしその場合には、健康面や年齢面で団信に加入できない可能性が残ります。

相続用途で使われる団信が付かないタイプの融資であれば、高齢であっても35年の融資が利用できることもありますので、60代や70代で物件購入に長期の融資を受けたい場合にも、あきらめる必要はありません。

しかし、やはり投資の条件が多少悪くなってしまうのは避けられません。

まとめると、融資利用のメリットを最大限活用できるという意味では、マンション投資を始めるのに最適なのは、現役世代となる20代後半~50代くらいであると言えるでしょう。

年代ごとに最適な戦略は異なる

こうした年齢的な制限を考慮したうえで、年代ごとの主要な投資パターンを考えると、次のようになります。

20代〜30代

まだ若いうちからマンション投資を始める場合、時間を味方に付けることができます。これは、非常に有利なポイントです。

ある段階で物件を購入し、頭金で収支をプラスに調整しておけば、あとは完全に「放ったらかし」にできます。マンションが家賃収入を稼ぎ、勝手に返済を進めてくれます。そのための時間もたっぷりと残されています。

その間、オーナーは老後の心配から解放されますから、余計なストレスなく自分の人生を生きることができるのです。

いずれにせよ多少の貯金は必要ですが、老後のために無理な貯金をする必要性は薄れます。また団信にも加入することになるので、現役時代に高額な生命保険に加入し

48　若いうちにマンションを購入する場合の基本戦略

若いうちに、融資を活用して
マンション投資を開始
▶月々の負担は少額か、
逆にプラスになるよう調整しておく
老後不安がなくなり、
ストレスなく本業に専念できる
▶貯蓄やさらなる資産形成、マイホーム取得なども視野に
ローン
完済までは
がん団信の
手厚い保障
も享受
定年退職するころには残債がなくなり、
家賃収入で「ゆとりある悠々自適の老後」を実現！

て、いざというときの保障を厚くする必要性も薄れます。

つまり、**自分の現役時代の人生に、より多くのお金を使うことができるようになります。**その資金を子どもの教育費や、マイホームの取得費にあててもいいでしょう。さまざまな形で資産形成を進めることも可能となります。

若いうちは健康面でも問題がないことが多いので、融資の審査段階で健康状態を理由に落とされることもまずありません。

それでいて、老後を迎えたころには物件のローンの返済が終わり、家賃収入が丸ごと手元に入ってくるようになります。退職金もすべて手元に残ります。**老後がどれだけ延びようと、安心して余生を満喫できる**というわけです。

現役時代の選択肢が広がり、より自由に、かつストレスなく人生を送れるようになる、非常に賢い選択だと思います。

40代～50代後半

すでに中年期に入っている方の場合には、それまでの人生で蓄えた貯金や、将来の定年時の退職金との兼ね合いで、さまざまな投資パターンを選べるのがメリットとなります。

とりあえず融資は最大限、長い期間で借りておきます。これは団信による生命保険的な効果をできるだけ長く維持するのと同時に、月々のローンの返済額を低く抑えるためです。

そのうえで、定年した時点で残債を整理したい気持ちが強ければ、退職金を使って一気にローンを完済するのも一案でしょう。そうすれば、定年後早々に家賃収入を丸ごと手にできるようになります。

49　中高年でマンションを購入する場合の基本戦略

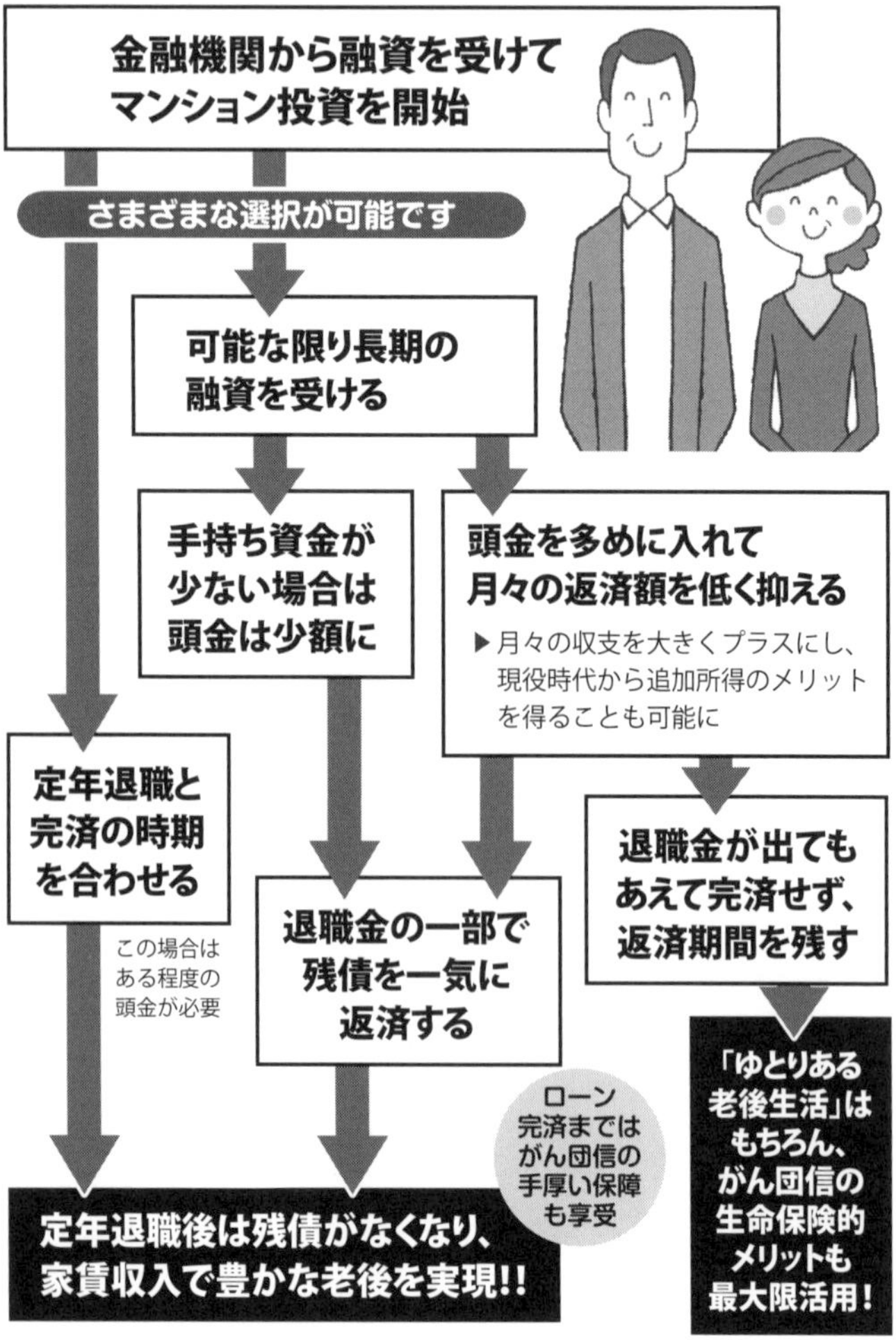
金融機関から融資を受けて
マンション投資を開始
さまざまな選択が可能です
可能な限り長期の
融資を受ける
手持ち資金が
少ない場合は
頭金は少額に
頭金を多めに入れて
月々の返済額を低く抑える
▶月々の収支を大きくプラスにし、
現役時代から追加所得のメリット
を得ることも可能に
定年退職と
完済の時期
を合わせる
この場合は
ある程度の
頭金が必要
退職金の一部で
残債を一気に
返済する
退職金が出ても
あえて完済せず、
返済期間を残す
ローン
完済までは
がん団信の
手厚い保障
も享受
定年退職後は残債がなくなり、
家賃収入で豊かな老後を実現!!
「ゆとりある
老後生活」は
もちろん、
がん団信の
生命保険的
メリットも
最大限活用！

※このほかにもさまざまな選択肢が考えられます

あるいは、退職金で残債の大部分を繰り上げ返済しますが、あえてごく少額のローン返済が毎月残るようにしておく手もあります。

こうしておけば、団信による生命保険的な効果を完済の時点まで引き延ばすことが可能です（万一の場合に返さなくてもよくなる残債額は年々減っていきますが、団信を利用したほうが付随する特約などを活かせます）。

退職後の月々の返済額はかなり小さくなっていますので、丸ごとではなくても、家賃収入の大部分は定年早々に手にできるでしょう。

また、これまでの貯金を使って物件購入時に頭金を多めに入れ、月々の返済額を初めから低く抑えるという選択肢もあります。毎月の収支を大きなプラスに調整して、現役時代から追加所得を得ることを狙うのです。

定年後には退職金を使って残債を整理してもかまいませんし、あえて少しだけローンを残してもかまいません。

このように、**好みやニーズに合わせて多様な戦略がとれるのが、中年期に始めるマンション投資の醍醐味《だいごみ》**です。

60代以降の方

定年退職間近の方や、すでに定年退職した方の場合には、**物件の取得時に融資を利用しない投資パターンを描くことが一般的**です。

健康面でも団信に加入できないケースが増えますし、そもそも子どもも巣立って、これまでの人生でそれなりの資産形成を進めることができているなら、あえて団信の生命保険的な効果を期待する必要性も薄くなります。

さらには物件の購入に退職金を使うことができますから、融資を利用せずに退職金で現金購入し、すぐに家賃収入の恩恵を受けることのほうを重視するケースが多いのです。

融資を利用しないので、融資関連の手数料なども節約できます。

退職金をただ銀行の定期預金にしておくだけでは、十数年で使い切ってしまう可能性が高いことをすでに説明しました。とはいえ、60代以降に株などで資産運用をするのは、失敗したときに損を取り返すための時間がもう残されていないため、おすすめできません。

50 定年退職後にマンションを購入する場合の基本戦略

金融機関からの融資を利用できないケースが多いため、多めの自己資金でマンション投資を開始

▶ 退職金やこれまでの貯金が利用できます

投資後すぐに、家賃収入がほぼ丸々懐に入るようになるので、無理なく「ゆとりある悠々自適の老後」を送れる！

株やFXよりずっと確実なので安心です！

団信への加入ができない場合でも、万一の場合に家族にマンションを遺せるのは変わらない（まとまった資産＋遺族年金代わりの家賃収入）

▶ 相続税対策としても有効
▶ 高齢者でも加入できるタイプの団信もあり、それらに加入する場合には生命保険効果も見込めます

そうであるならば、**退職金を収益不動産に変えることで安定的に家賃収入を得る、という選択には合理性があります。**実際、私の会社でもそのような選択をする高齢のオーナーがたくさんいらっしゃいます。

さらに賃貸用の不動産は、株や現金などに比べ相続時の課税評価額が大幅に低く評価される法律上の規定があ

るため、**この年代では将来の相続税対策も考慮に入れて、マンション投資の決断をされるお客さまが多い**のが実情です。

このようにマンション投資は、**思い立ったら何歳からでも始められます。**

しかし、**時間を味方に付けられる若いうちに、また健康面で病気にならないうちに始めたほうが総合的に有利**ですから、早め早めの決断と対策が、みなさんの豊かで安心できる老後をつくるということは忘れないでください。

東京圏の不動産価格は今後も上昇することが予想される

物件価格は上がる？　下がる？

2012年のアベノミクス始動以来、東京圏の不動産は総じて、コロナ禍の時期も含めて価格が上昇してきました。その期間はすでに10年を超えます。

こうした状況を受けて、かつてのバブル崩壊とその後の急激な地価下落の記憶がある人たちの一部には、近い将来、東京圏の不動産価格は再び暴落するだろう、するはずだ、などと主張する方もいらっしゃるようです。

未来を完全に予想できる人はいません。そのため、実際にそうなる可能性もあるでしょう。

しかし、東京圏のマンションに関する今後の需要予測や、最近の物価の上昇傾向などを考えれば、今後も**東京圏の不動産の価格が下がる可能性は低く、むしろ上がる可能性のほうがずっと高いのではないか**と、私には思えてなりません。

○東京の不動産はまだまだお買い得！

私がそう考える理由のひとつは、**諸外国から東京圏の不動産へ、投資資金の流入が続いているから**です。しかもそのお金の流れは、コロナ禍があっても大きくは変わっていないと感じています。

たとえば政策シンクタンクの森記念財団・都市戦略研究所が発表している「世界の都市総合力ランキング」の2021年版では、東京がロンドンとニューヨークに次ぐ3位に食い込んでいます（図51参照）。

このランキングでの東京のトップ3入りは、2016年にパリを押さえて以降ずっと維持されています。しかも2位のニューヨークとの差はしだいに縮まってきてお

51 世界の都市総合力ランキング

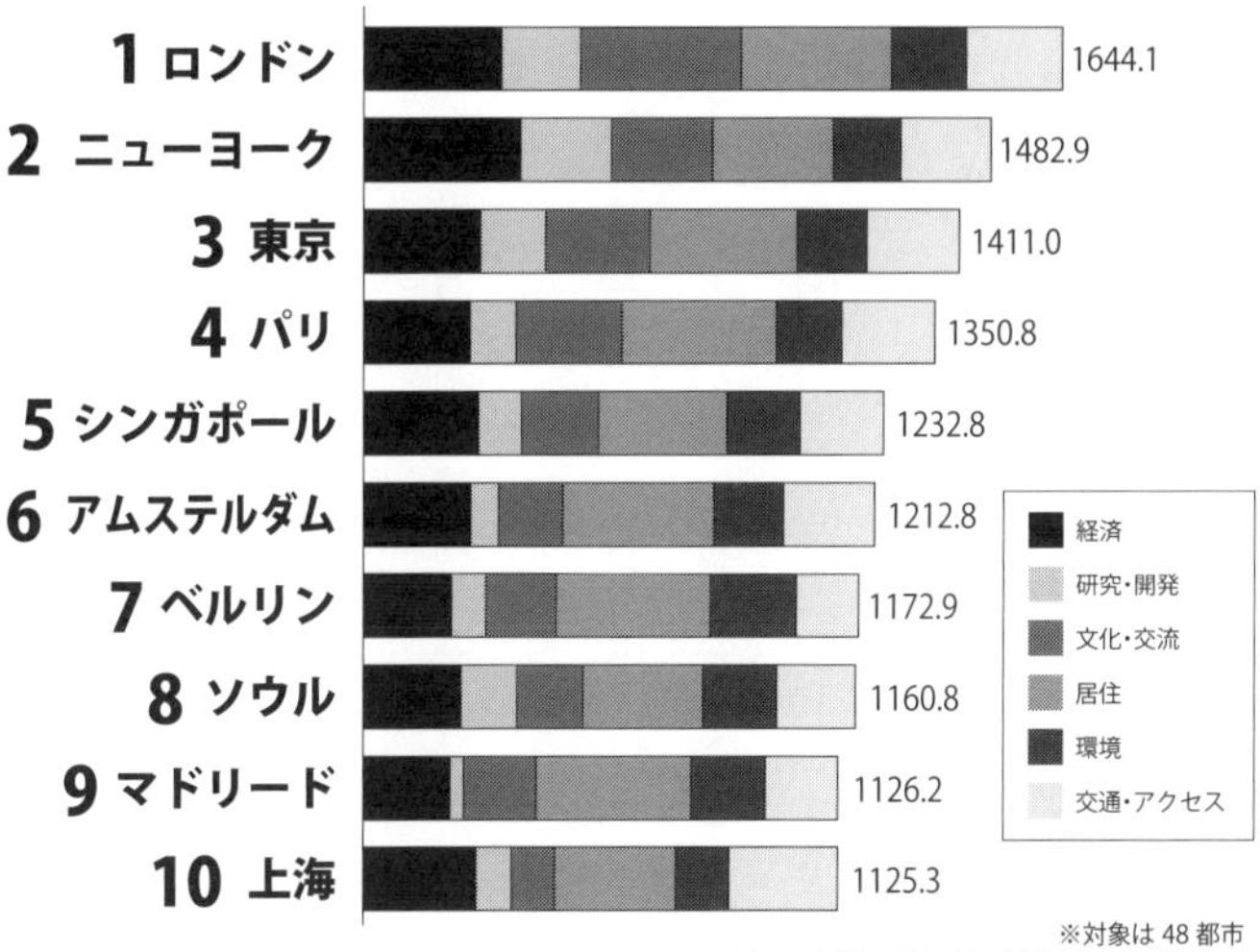

※対象は48都市
出典：一般財団法人 森記念財団 都市戦略研究所
「世界の都市総合力ランキング Global Power City Index 2021 概要版」

り、数年のうちに2位になるのではないかと予想されています。

このランキングの結果は、東京とその周辺地域が、国際社会においても「世界でもっとも魅力的な都市のひとつ」として認識されていることを示しています。

魅力的な都市は、それだけで諸外国からの投資資金を集める効果を持ちます。

さらに東京、引いては東京圏は、世界のほかの上位都市に比べて、不動産の価格がまだかなり割安な水準にあります。

国境を越えて不動産に投資する場合に投資対象となることが多い、ハイエンドクラス（最高級）のマンションや高級住宅の価格を国際比較したのが左の図52、同じ対象の賃料水準を示したのが同ページ下部の図53です。

これらを見ると、**東京の不動産は諸外国の都市よりも価格がかなり安く、それでいて賃料の水準が他のアジア圏の都市よりは高い**ことが見て取れます。

つまり**東京や東京圏の不動産は、グローバルな視点で見れば相対的に利回りが高い**のです。

加えて、このところの急激な円安によって、ドル建てで見たときの物件の価格も大きく下がっており、外国人投資家からすれば、まさに「バーゲンセール」のような状態になっています。

こうした背景から、特にアジア系の富裕層が東京や東京圏の不動産に注目しています。すでにアメリカやヨーロッパにおける不動産投資が一定の規模に達しているため、分散投資の観点からも、割安な東京周辺の不動産が継続的に購入されている状況があるのです。

52 マンション/高級住宅（ハイエンドクラス）の価格水準比較

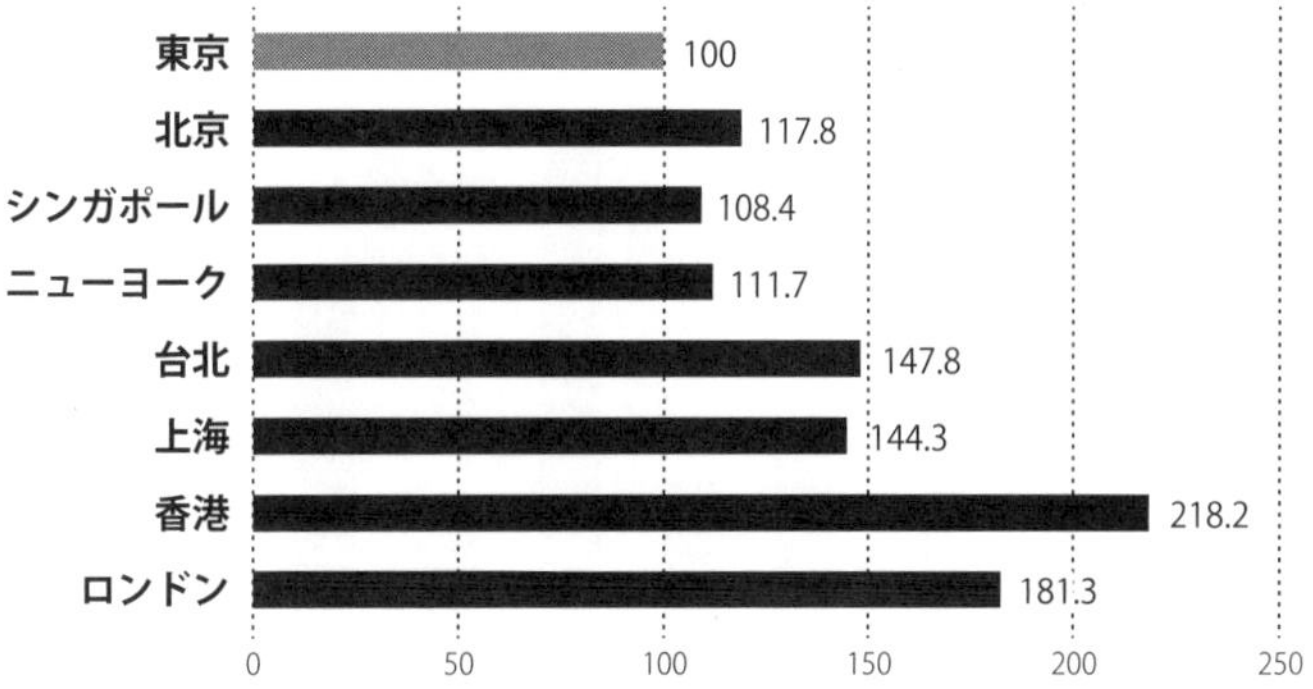

※各都市の高級住宅（ハイエンドクラス）のマンションを前提とした分譲単価の各都市比較指数
（2022年4月の東京・元麻布地区＝100）
出典：一般財団法人 日本不動産研究所「日本不動産研究所 第18回 国際不動産価格賃料指数」より一部を抜粋して作図

53 マンション/高級住宅（ハイエンドクラス）の賃料水準比較

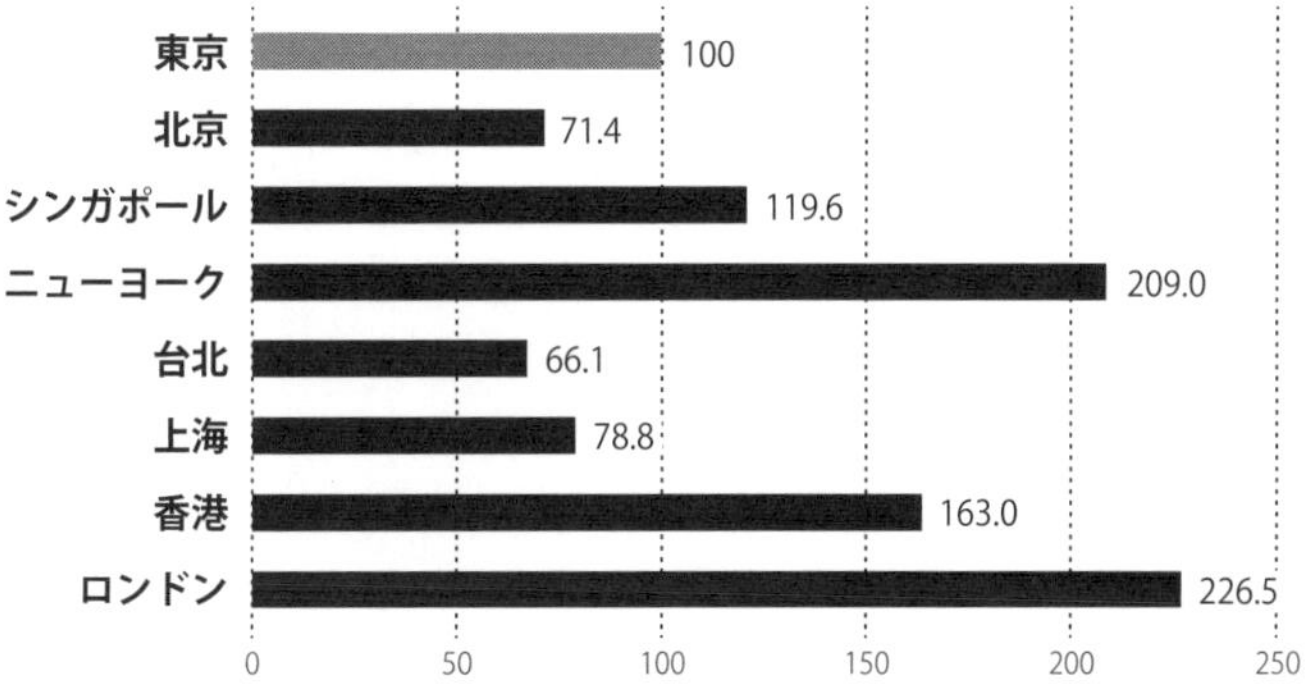

※各都市の高級住宅（ハイエンドクラス）のマンションを前提とした賃料単価の各都市比較指数
（2022年4月の東京・元麻布地区＝100）
出典：一般財団法人 日本不動産研究所「日本不動産研究所 第18回 国際不動産価格賃料指数」より一部を抜粋して作図

54　外国人投資家からの不動産投資額

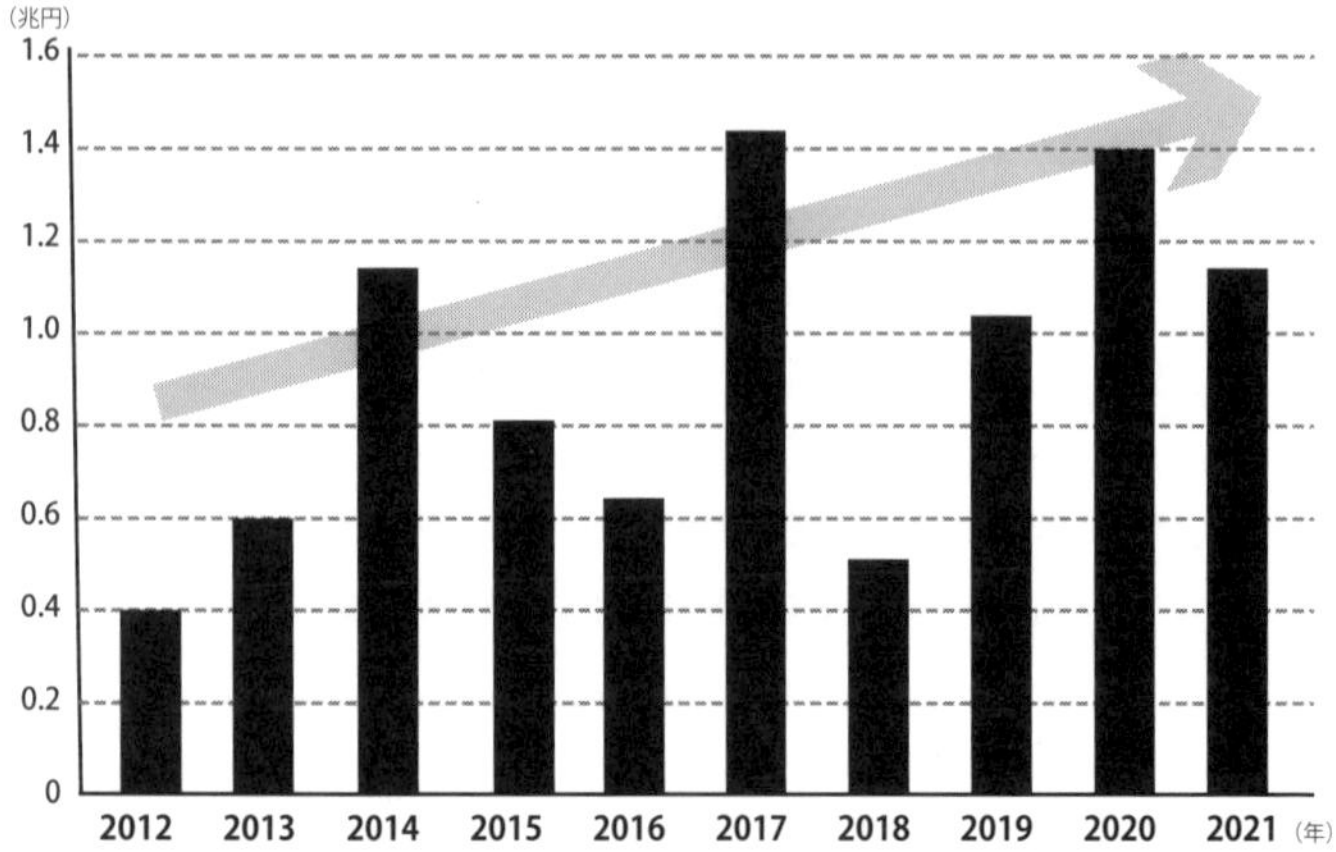

出典：朝日新聞（2022.8.18 朝刊・経済面）、CRBE しらべ

たとえば図54は、日本全体への外国人投資家からの不動産投資額を年ごとに集計したものですが、短期的な減少はあっても、長期的には投資額が増えていく傾向にあることを見て取れるでしょう。

アジア系富裕層をはじめとする諸外国からの投資資金の流入は、今後も東京や東京圏が魅力的な都市である限り、長く続くと考えられます。不動産市況も活発な状況が続きますから、**不動産価格の上昇傾向は長く維持される可能性が高い**のです。

さらには日本の物価は、長年デフレ傾

向にありましたが、コロナ禍やウクライナ情勢、米中対立などのあおりを受けて、急激にインフレ傾向へと転換しつつあります。そして一般に、**物の価格が上がれば実物資産である不動産の価格も上昇する**と考えられています。

物価の点から考えても、東京圏の不動産の価格が今後下がる可能性は低いというわけです。

○迷っているうちに値上がりしてしまうかも

第3章でも少し紹介したように、いま**東京圏では単独世帯が急増しているのに対し、各種規制の強化によって単独世帯向けのマンション供給数はそこまで増えておらず、需要に対して供給が少ない状況が続いている**、という事情も指摘できるでしょう。

マンションの需給については、2022年以降の生産緑地の指定解除によって都市近郊での土地の供給が一時的に増え、それによって値下がりする可能性があるのではないか、との懸念が言われることもあります。しかし、そんなことにはなりようがない事情も、すでに述べたとおりです（→143ページ参照）。

繰り返しとなりますが、生産緑地は農地ですから、そもそも賃貸用の単独世帯向けマンションに適した駅近立地にはほとんどありません。

むしろ、やや郊外に立地している割合が大きいため、大半はファミリー向けの居住用物件やアパートになると見られています。

生産緑地の指定解除は、マンションタイプの収益物件の供給不足を解消することにはなりません。そのため本書ですすめているような物件の価格にはほとんど影響はなく、需要が高い東京圏のマンションは、かえって価格が上昇していく可能性のほうが大きいと考えられています。

実際に、東京圏における新築投資用マンションの平均1戸あたり販売価格は、ここ数年ほぼ一貫して値上がりし続けています。

図55に示した過去6年半のデータを見ても、この期間だけで合計430万円以上値上がりしていることがわかります。図にはありませんが、過去10年までさかのぼって調べれば、なんと800万円以上も値上がりしているのです。

週刊誌やネットメディアでは、「東京の不動産価格はもうピーク」「暴落間近!」と

55 東京圏投資用マンション（新築）市場動向

時期	平均価格
2016年年間	2,788万円
2017年年間	2,829万円
2018年年間	3,088万円
2019年年間	3,131万円
2020年年間	3,176万円
2021年年間	3,132万円
2022年上期	3,221万円

出典：株式会社不動産経済研究所「不動産経済 マンションデータ・ニュース」より筆者作図
※2022 年上期の 1 戸あたり平均専有面積：26.68 ㎡

いった記事が定期的に掲載されます。

こうした読者の不安をあおる記事を書くと、注目を集めやすいのでしょう。

しかしそれは、現実と違うことを書いているから、違和感が生じて読者の注目を集めるのです。

実際には東京圏の不動産、特に投資用マンション物件は、値下がりするどころかずっと値上がりし続けており、価格下落する兆《きざ》しすらない！ というのが現実です。

結果論にはなりますが、**ここ十数年は購入を少し待ったことでより安く、よりよい条件で物件を購入できたとい**

うお客さまは、ほとんどいらっしゃらなかったわけです。

逆に、値上がり前であれば買えたのに、迷っているうちに物件価格が上がり、それによって融資が受けられなくなり結局購入できずに終わった、というお客さまは多くいらっしゃいました。

先のことですから、確たることはわかりません。

しかし上がるか下がるか、周辺の情報から予想すれば、より可能性が高いのはどちらか、みなさんには、もうおわかりいただけたのではないかと思います。

複数物件を所有し、繰り上げ返済で富裕層入りを目指すことも可能

いきなり資産1億円!?

最後に、マンション投資の応用技として、**一気に4戸程度の物件を購入し、積極的な繰り上げ返済を行うことで、短期間のうちに大きな追加所得を得ることを狙う手法**も紹介しておきましょう。

老後の生活費不足を解消するには、賃貸用マンション1～2戸で大丈夫ですが、本人の年収や就業状態、健康状態などの条件が揃えば、4～5戸くらいまでなら一気に購入できるだけの融資が受けられる場合があります。

物件1戸あたりの価格を仮に2500万円とすると、4戸で1億円です。それだけ

の金額の融資を受けることに怯《ひる》んでしまう方も多いのですが、個々の物件がそれぞれに家賃収入を生んでくれますから、全体での月々の収支はそれほど大きなマイナスにはなりません。この金額の融資でも、実際に毎月支払う金額は数千~数万円程度のマイナスに収まるケースが多いのです。

であれば、借りられるのであれば借りてしまうというのもひとつの選択肢です。**融資金の返済が終わったときには、一気に4~5戸分の家賃収入が丸ごと懐に入ってくるようになりますから、ゆとりある老後どころか、ちょっとした富裕層レベルの老後生活を送れる**でしょう。

◯繰り上げ返済で完済までの期間を大きく短縮

しかし、これでは現役時代には豊かな生活を送れません。

現役のうちから豊かな生活を送りたいのであれば、ここに継続的な繰り上げ返済を組み合わせていくことが有効です。

たとえば、少しだけ頑張って毎年100万円を貯めて、その金額を継続的に繰り上げ返済していくと仮定します。繰り上げ返済にあたっては、月々の返済額を小さくするのではなく、返済期間の短縮を選択することとします。

繰り上げ返済の資金に関しては、団信への加入によって生命保険の保障内容を縮小したり、解約したりする選択肢ができることも思い出してください。

なお、ここでは計算しやすいように切りのよい１００万円という金額を設定していますが、もちろん苦しい年には50万円や80万円などでもかまいません。

さて、**4戸所有しているうちの1戸について毎年100万円の繰り上げ返済を続けていくと、最初の物件の35年返済の融資金が14年7カ月に短縮して完済できる**、と試算できます。

その物件の家賃収入は、それ以降は丸ごと手元に入ってくるようになります。ここでは、管理費等を差し引いて7・5万円が毎月入ってくると想定します。

この段階で繰り上げ返済をストップすれば、現役のうちから月々7・5万円超の追加収入が入ってくるようになるということです。年間であれば90万円。ここから税金が引かれることを考えても、ほとんどの方にとって、これはかなり大きな収入増にな

56 月々30万円の収入プラン

以下の条件で試算:
・月額家賃－ローン返済以外の諸経費＝7.5万円の物件を４戸購入
・年収1,000万円の方が、老後に向けて月々30万円の収入を得ることを狙う

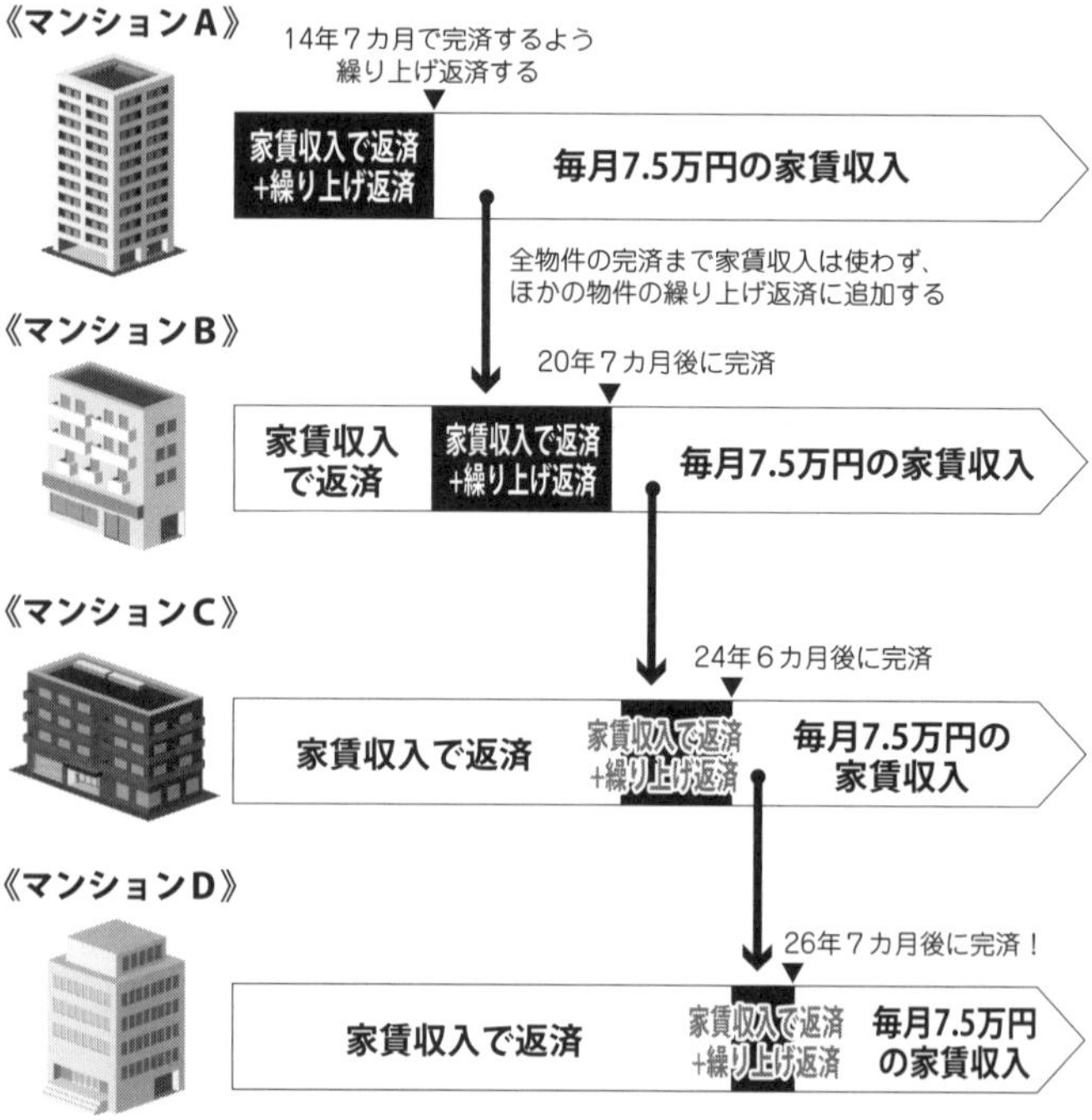

4戸すべての残債がなくなった段階で、
毎月30万円の家賃収入が確保できる！

※最後の物件はあえて完済せず、団信の生命保険効果を生かしてもOK

※４戸すべて、物件価格2,500万円、融資額100%、返済期間35年、金利1.6%で所有した場合を想定
※ローンの返済額は変動させないものとして計算しています

るはずです。

さらに、この時点で繰り上げ返済をストップせず、追加収入となった7・5万円も使わずに、そのまま繰り上げ返済に回すと仮定してみましょう。

すると、毎月の繰り上げ返済額が増えていますから、**2戸目の物件はそこからわずか6年程度で短縮しての完済ができてしまう計算になります**。物件購入からは20年7カ月目です。すべての物件の家賃収入や管理費等が同じだと仮定すると、月々15万円の追加収入が得られることになります。

30歳で物件購入をしていたとしたら50歳、まだまだ現役のうちに、毎月15万円の追加収入のインパクトは大きいでしょう。

同じように、**ここで繰り上げ返済を止めず、さらに2戸分の家賃収入もそのまま繰り上げ返済に回せば、今度はたった4年で3戸目の物件も完済します**。

30歳で物件購入をしていたとしたら54歳で、毎月22・5万円の追加収入。年間では270万円もの自由に使えるお金を、現役のうちに毎年手にできる態勢がつくれるのです（この事例では改装費の支払いは計算に入れていませんから、別途支払いが必要です）。

なお、最後の4戸目については、あえて完済せずに、団信による生命保険的な効果を活かし続ける選択をしてもいいでしょう。

一方で同じ方法で完済を目指す場合には、わずかプラス2年、56歳の時点ですべての残債を返済できます。**完済後の月々の追加収入額は、30万円に達します。**

途中のどの段階で繰り上げ返済をストップするかは、オーナーが自由に決められますから、購入時の年齢や健康状態、就業状態などに合わせて柔軟な戦略を描くことができます。**複数物件のマンションを一気に購入することで、いわゆる「経済的な自由」を着実に手にすることができる**のです。

毎年の繰り上げ返済には努力が必要ですが、努力すればするだけ生涯収支がよくなり、手元に入るお金が増える努力です。

これは、「する価値のある努力」ではないかと私は思っています。

先を見据えて素早く行動する人だけが「ワクワク老後」を手にできる

茹でガエルになるな！

本書では、「人生100年時代」に入ったことで劇的に長くなる老後に備え、どんな投資をすれば経済的な不安なく年をとっていけるのかを詳しく解説してきました。その方法は、もう読者のみなさんにはわかっていただけたはずです。

最後に必要となるのは、ほんの少しの行動する勇気です。

マンション投資は大きな金額の投資です。また、そのほかのあらゆる投資対象と同じく、100%成功が保証されているものでもありません。

しかし、数多《あまた》存在する投資対象のなかで、老後の生活費対策としてここまで私たちのニーズに合致し、かつリスクも限定されている投資対象はほかにありません。

カエルは熱いお湯に入れようとすると跳ねて逃げますが、最初は水に入れて少しずつ熱していくと、自分が危険に直面していることを認識できず、そのまま茹《ゆ》でられてしまうとよく言われます。

何もしなければ、私たちもこの茹でガエルと同じになってしまいます。

老後の生活不安という危険に、いままさに直面しているのですから、そこから跳ねて逃げ出さなければ、待っているのは寂しい老後です。

本書が、みなさんが将来の老後リスクを真正面から見つめ、豊かで、経済的な不安のない、ワクワクできる老後を送るきっかけとなることを心から願っています。

〈著者略歴〉 **山越 尚昭**（やまこし・なおあき）

LifeStyle 株式会社 代表取締役

1972 年生まれ、埼玉県出身。

不動産業界でさまざまな業務を経験したのち、2001 年に独立して LifeStyle 株式会社を設立。

不動産投資のプラットフォームサイト「マンション経営大学」をベースに、テレビ放送、無料セミナー、新聞広告、電車広告などさまざまなメディアを通じ、新しいスタイルのマンション投資とライフプラン構築の手法を提案し続けている。

自社ブランドマンション「スパシエ」「クラリッサ」「エルフォルテ」シリーズは、デザイン性やクオリティー、安全性等にとことんこだわり、98%もの入居率を誇る。

著書に、本書の底本となった『人生 100 年時代のマンション投資の教科書』、その漫画版『マンション投資で「負け犬老後」にオサラバする！』、『がんに負けない生活設計の教科書』（すべて小社）などがある。

▶ マンション経営大学
https://mansionkeiei.jp/ マンション経営大学 検索

▶ LifeStyle 株式会社
〒 113-0033　東京都文京区本郷 1-24-1　ONEST 本郷スクエア 8F
フリーダイヤル：0120-818-998
ホームページ：https://www.lf-style.jp/

P56, 64, 70, 85, 171, 234　建物イラスト —— ZET ART / PIXTA（ピクスタ）
P193　人物イラスト —— にしやひさ / PIXTA（ピクスタ）
P214, 216, 219　人物イラスト —— ginger / PIXTA（ピクスタ）

人生100年時代の
マンション投資の教科書【最新版】

2023年 1月28日　第1刷発行

著　　者——山越 尚昭
発 行 者——徳留 慶太郎
発 行 所——株式会社すばる舎
〒170-0013　東京都豊島区東池袋3-9-7 東池袋織本ビル
TEL　03-3981-8651（代表）　03-3981-0767（営業部）
URL　https://www.subarusya.jp/
装　　丁——小口 翔平＋嵩あかり（tobufune）
本文意匠——VPデザイン室
印　　刷——株式会社光邦

落丁・乱丁本はお取り替えいたします

ISBN978-4-7991-1077-5